Gritt Ockert

Die Diplom-Sportlehrerin und Sportjournalistin beschäftigt sich vor allem mit gesundheitsorientiertem Fitneßtraining. Sie ist ausgebildete Aerobic- und Step-Aerobic-Trainerin. Im Sportverlag sind bereits zwei Bücher von ihr erschienen: »Bodyshaping« (1992 – gemeinsam mit Irene Kunath) und »Aquarobi« (1993).

Esben Aalvik

Der Norweger stand der Autorin als fachlicher Berater zur Seite und wirkte bei den Fotoaufnahmen mit. Er gehört seit 1994 zum Reebok-University-Team. Als Trainer für Step-Aerobic und Slide. Er ist Krankengymnast und Inhaber der A-Lizenz des Deutschen Aerobic-Verbandes.

Gritt Ockert

Step-Aerobic

Basics
Choreographien
Fun

Sportverlag Berlin

Im SPORTVERLAG sind weitere Titel zum Thema »Fitneß« erschienen. Fragen Sie Ihren Buchhändler.
Von derselben Autorin sind im Sportverlag bereits erschienen: »Aquarobic« und »Bodyshaping« (gemeinsam mit Irene Kunath)

Die Firma Reebok® Deutschland GmbH stellte freundlicherweise original Reebok® Steps, spezielle Schuhe und Bekleidung zur Verfügung.
Beim Vorturnen der Step-Aerobic-Übungen war Reebok-Trainer Esben Aalvik dabei. Allen Beteiligten vielen Dank!
Besonderen Dank an die Fotografen Sabine Rübensaat und Klaus Riemenschneider, die die Aufnahmen im Foto-Studio »Fachfotografie Riemenschneider und Partner« in Berlin machten.

Die Deutsche Bibliothek – CIP-Einheitsaufnahme

Ockert, Gritt:
Step-Aerobic: Basics, Choreographien, Fun/Gritt Ockert.
[Fotos: Sabine Rübensaat und Klaus Riemenschneider] –
Berlin: Sportverl., 1996
ISBN 3-328-00689-3

© 1996 by Verlag Sport und Gesundheit GmbH, Berlin
Die Verwertung der Texte und Bilder, auch auszugsweise,
ist ohne Zustimmung des Verlags urheberrechtswidrig und strafbar.
Dies gilt auch für Vervielfältigungen, Übersetzungen, Mikroverfilmungen und für die Verarbeitung mit elektronischen Systemen.
Umschlaggestaltung: Theodor Bayer-Eynck
Titelbild: Reebok Deutschland GmbH
Fotos: Sabine Rübensaat und Klaus Riemenschneider
Zeichnungen: Uli Kudicke
Satz: LVD GmbH, Berlin
Druck: Mohndruck, Graphische Betriebe GmbH, Gütersloh
Printed in Germany 1996

Gedruckt auf alterungsbeständigem Papier
mit chlorfrei gebleichtem Zellstoff

Inhalt

Einführung 7
    Der neue Trend: Step-Aerobic 7
    Step-Aerobic kann jeder machen 9

Was Sie vor Beginn wissen sollten 10
    Das erwartet Sie 10
    Vielseitig und wirksam: der Step 11
    Was wir über unseren Körper wissen sollten 13
    Step-Aerobic verbessert Ausdauer, Kraft und Koordination 14
    Belastung und Belastungskontrolle 18
    Verschiedene Arten von Step-Aerobic-Stunden 20
    Über BPM und die Musik 20
    Nützliche Tips und Hinweise 25
    Die zehn wichtigsten Step-Regeln 28
    Step-Aerobic-Begriffe im Überblick 29

Wie Sie sich mit dem Step fit machen 30
    Aufbau einer Step-Aerobic-Einheit 31
    Übungen zum Aufwärmen 31
    Step-Training 42
    Basics – Die Grundschritte 43
    Kleine Choreographien 75
    Figurtraining mit dem Step 93
    Cool down 106
    Trainingsprogramme 116

Anhang 136
    Kleines Fachwort-Lexikon 137
    Versandadressen 139
    Literaturhinweise 140

Einführung

Mal ehrlich, wie viele »gute Gründe« für Ihr bedauerndes Kopfschütteln können Sie aufzählen, wenn Sie jemand nach Ihren sportlichen Aktivitäten fragt? Beruf, Familie, Streß, Haushalt, Termine, die Kinder, fehlendes Talent … Und immer wieder: keine Zeit.

Das Angebot an Möglichkeiten, sich sportlich zu betätigen, ist heutzutage so reichhaltig, daß für jeden etwas dabei ist. Wer aber – aus welchen Gründen auch immer – den Weg ins Fitneß-Center oder den Verein nicht findet, der tut eben zu Hause etwas fürs Wohlbefinden und die Figur. Und zwar mit einem Minimum an zeitlichem Aufwand, aber viel Spaß – und natürlich Musik. Step-Aerobic kann man, im Gegensatz zu vielen anderen Formen sportlicher Betätigung, auch zu Hause machen. Dazu braucht man nicht viel: das Übungsgerät und das Know-how.

Dieses Buch soll Ihnen helfen, den Step und seine Möglichkeiten richtig kennenzulernen. Gerade Anfängern wird es durch viele Anregungen, die wiederum Anstoß für eigene kreative Ideen geben werden, den Einstieg in das neue Gesundheits- und Fitneßvorhaben erleichtern. Für Trainierte kann es eine ideale Ergänzung zum schon betriebenen Training sein.
Lassen Sie sich also überraschen von der erstaunlichen Wirkung der Step-Aerobic. Mit dem neuen Gerät, das Sie bald nicht mehr hergeben möchten.

Der neue Trend: Step-Aerobic

Die Mediziner wissen es, und wir ahnen es zumindest: Wir leben inzwischen gegen unsere Natur.

Der menschliche Organismus ist seit Urzeiten dafür konstruiert, sich zu belasten, seine Kräfte anzuspannen bis zur Ermüdung – dann geht's ihm gut. Im Industriezeitalter, wo Arbeit fast immer Sitzen und Kopfarbeit ist oder sehr einseitige körperliche Belastung bedeutet; wo Auto, Bus, Fahrstuhl, Waschmaschine verhindern, daß wir endlich mal außer Puste geraten, da müssen wir dieses Bewegungsdefizit aus eigenem Antrieb beseitigen.

Wer nicht gezwungen ist, sich ausgiebig zu bewegen, der muß es eben von sich aus tun.

Empfohlen werden gerade Ausdauersportarten. Einerseits als allgemeine Gesundheitsvorsorge und andererseits speziell zur Vermeidung von Herz-Kreislauf-Erkrankungen. Und da hat sich als gleichwertige Alternative zu Radfahren, Schwimmen oder Joggen schon lange Aerobic durchgesetzt.

Die aus den USA kommende Fitneß-Bewegung hat längst nichts mehr mit den Anfängen der 60er Jahre zu tun. Viele (früher fehlerhaft ausgeführte) Bewegungsabläufe sind entsprechend neuesten medizinischen Erkenntnissen korrigiert. Aerobic ist mit seinen vielseitigen Trainingswirkungen aus dem Fitneß-Training nicht mehr wegzudenken!

Seit einigen Jahren sind aus der Aerobic als einer Form des Konditionstrainings viele neue und interessante Abwandlungen entstanden. So auch Step-Aerobic, das 1990 in den USA entwickelt wurde. Es ist eine noch junge Trainingsform, bei der ein höhenverstellbares Gerät zum Einsatz kommt – der »Step«. Vergleichbar mit einer Stufe, wie beim Treppensteigen.

Sicher denken Sie jetzt, man könnte ebensogut 50 Treppenstufen rauf und runter laufen und somit sein tägliches Programm abschwitzen. Fast richtig. Beim Training mit dem speziell konzipierten Step ist aber neben dem Aufsteigen noch viel mehr möglich: Übersteigen, Überspringen und seitliches Bewegen. Und Sie können das ganze zu bestimmten Schrittfolgen zusammenstellen sowie kleine Choreographien erlernen. Unterstützt von motivierender Musik natürlich. Und so macht's dann richtigen Spaß.

Step-Aerobic ist vielseitig und stellt ein optimales Training dar. Für Kondition, Koordination, Kraft und Beweglichkeit, verbunden mit tänzerischen Bewegungen. Es ist gelenkschonend und kann durch höhenverstellbare Bausteine jedem Trainingszustand gerecht werden. Diese neue Aerobic, die auch die dritte Dimension nutzt – die Höhe –, macht noch mehr Spaß. Und die Bewegungsmöglichkeiten sind noch lange nicht ausgeschöpft, der Phantasie keine Grenzen gesetzt. Aber Achtung: Auf die richtige Technik kommt es an!

Step-Aerobic ist in fast jedem Fitneß-Studio, in Vereinen oder Gymnastik-Gruppen machbar, überall werden heute Kurse angeboten. Aber nicht jeder kann oder will von diesen Angeboten Gebrauch machen. Auch zu Hause können Sie prima Ihr Training mit diesem Gerät erfolgreich absolvieren. Genau das richtige für diejenigen, die wenig Zeit haben. Allein oder auch zu zweit können Sie üben, auf und mit dem Step. Und dazu bieten sich fast unbegrenzte Möglichkeiten.

Man kann den Step von allen Seiten vorwärts betreten – nie rückwärts! – und nach allen Seiten wieder verlassen. Über die kurze Seite, die lange Seite. Oder um ihn herumgehen, rundherum oder nur um eine Ecke. Diagonal oder gerade. Man kann auf dem Boden bleiben oder auf dem Step einen Schritt ausführen. Möglich ist das Einfügen von kleinen Drehungen.

Der erste Schritt ist mit dem Kauf dieses Handbuches bereits getan. Und wer einmal mit dem Training begonnen hat, wird Schritt für Schritt zu Fitneß und Fun »steppen«.

Step-Aerobic kann jeder machen

Wenn Sie Ihren Hausarzt oder den Sportarzt fragen, wird der sich über Ihr sportliches Vorhaben freuen. Aus medizinischer Sicht kann im Prinzip jeder das Step-Training durchführen. Egal, ob Sie erst 20 oder schon 60 Jahre alt sind. Ob Sie schon Erfahrungen haben oder sich erst langsam herantasten wollen.

Step-Aerobic eignet sich für Frauen und Männer, für Junge und Ältere, für Fitneß- und Leistungssportler, für Einsteiger und Aufsteiger.

Sollten Sie bereits im Freizeitsportbereich aktiv sein und andere Sportarten probiert haben, können Sie das Herz-Kreislauf-Training mit dem Step ohnehin problemlos mitmachen. Wenn Sie aber lange keinen Sport gemacht haben und jetzt mit einem leichten Training beginnen möchten, sich aber nicht sicher sind, ob Step-Aerobic das richtige ist. Fragen Sie Ihren Arzt. Er kann Ihnen auch wertvolle Hinweise geben zu Ihren individuellen Belastungsmöglichkeiten und -grenzen, damit Sie sich nicht überbelasten.

Mit Step-Aerobic werden Sie etwas ganz Neues kennenlernen, Ihren Körper sehr effektiv trainieren und vor allem viel Spaß haben! Am Anfang muß man es ja nicht gleich übertreiben. Besser ist, regelmäßig zu üben und die Kontrolle über seinen Körper zu behalten. Denken Sie immer an Ihr Wohlbefinden.

Was Sie vor Beginn wissen sollten

Das erwartet Sie

Auch wenn Sie bereits mit dem Step geübt haben, sollten Sie unbedingt die wenigen Seiten Theorie am Anfang lesen. Denn jetzt sind Sie ja Ihr eigener Fitneß-Instructor.

Dieses Einführungskapitel vermittelt Ihnen einen Überblick über die Grundlagen dieses Trainings, über die materiellen Besonderheiten des Step-Gerätes selbst und überhaupt über die neuen Bedingungen. Sie erfahren, wie Ihr Körper auf das Konditionstraining reagiert, wie sich Ausdauer, Kraft und Kondition verbessern. Mit einfachen Methoden können Sie Belastung und Erholung kontrollieren. Weitere wichtige Themen sind der Aufbau einer Step-Aerobic-Einheit mit Erwärmung, Hauptteil und Entspannung sowie Hinweise zu Musik, Bekleidung und Schuhen.

Begonnen wird stets sanft, nämlich mit den Aufwärmübungen. Erst dann geht es ans eigentliche Step-Aerobic-Training. Am Anfang werden Sie zunächst einige Grundschritte versuchen.

Später, wenn Sie diese sicher beherrschen, probieren Sie die ersten einfachen Kombinationen. Denken Sie auch an Ihr Figurtraining. Sie finden Anregungen für Bauch, Beine und Po. Gönnen Sie sich dann erst mal Entspannung mit einfachem Stretching (gehaltenes Dehnen).

Bis Sie sich eigene kleine Übungsfolgen erarbeiten können, stehen Ihnen die Trainingsprogramme zur Verfügung. Wählen Sie sich das Programm nach Ihrem Leistungsstand aus. Die Anregungen in diesem Buch lassen Ihnen noch genügend Spielraum für eigene Ideen, die Sie schon bald verwirklichen können.

Wenn Sie mehr zum Thema Step-Aerobic erfahren möchten, nutzen Sie die Literaturangaben und die Adressen im Schlußteil des Buches. Sie können auch auf Video-Kassetten weitere Anregungen finden.

Das Gerät

Vielseitig und wirksam: der Step

Für das neue Training brauchen Sie auch ein neues Gerät: den Step. Gute Steps sind in der Regel höhenverstellbar. Mit zunehmendem Leistungsvermögen kann und soll er dann stufenweise höher gestellt werden. **Ohne Untersatz** sollten ihn vor allem Anfänger und Untrainierte nutzen.

Die erste Stufe ist dann für Leute, die schon Erfahrungen mit dem Gerät haben. Und **die höchste Einstellung** sollten nur Fortgeschrittene mit guter Kondition anpeilen.

Beginnen Sie auf jeden Fall erst mit der niedrigsten Stufe, und steigern Sie dann allmählich die Höhe!

Nach der Einführung dieses neuen Trainingsgerätes durch Reebok® bieten jetzt viele Hersteller eigene Produktionen an. Die Auswahl ist groß. Sollten Sie aber neben dem Preis-Leistungs-Verhältnis auch Wert auf Sicherheit und lange andauernden Spaß legen, entscheiden Sie sich doch für ein Markengerät.

Enorme Vorteile hat der Original Reebok® Step zu bieten. Dank seiner Höhenverstellbarkeit ist er für Anfänger und Fortgeschrittene, für Große und Kleine, Leichtgewichte und Mollige optimal einsetzbar.

Dieser Step ist nach dem Baukasten-Prinzip konstruiert. Jeder kann sich die Höhe des Gerätes entsprechend dem eigenen Leistungsstand einstellen. Mit Hilfe eines abnehm- und umsteckbaren Blocks sind drei **verschiedene Höhen** möglich:

– 15,2 cm (6 inches) für *Anfänger*
– 20,3 cm (8 inches) für *Fortgeschrittene*
– 25,4 cm (10 inches) für *Profis*.

Die Stephöhe beeinflußt die Intensität des Trainings. Je höher der Step, umso intensiver und belastender das Training.

Auch wenn Sie sich mehr zutrauen, sollten Sie als Anfänger auf jeden Fall die niedrigste Stufe wählen.

Das ist notwendig, um überhaupt erst mal das nötige Gefühl für den Step zu entwickeln und die wichtigsten Schritte sauber und ohne Probleme absolvieren zu können. Ein zu hoch eingestellter Step kann Sie schnell überfordern. Zumindest aber würden Sie in einem aus leistungsphysiologischer Sicht ungünstigen Belastungsbereich »arbeiten«, in dem die angestrebten Effekte für das Herz-Kreislauf-System gar nicht erreicht werden können.

Ein weiterer Vorteil des Original Reebok® Step sind die rutschfesten Bodenelemente, die für Sicherheit sorgen. Auf der Trittfläche verhindert eine spezielle Oberfläche das Wegrutschen. Mit den durchdachten Abmessungen (90 cm x 35 cm) sind zahlreiche Möglichkeiten für Choreographien schon vorprogrammiert. Indem man nur einen Block befestigt, kann der Step in eine Schrägbank (vgl. S. 93ff.) umgebaut werden – ideal für das Figurtraining.

Im Vergleich zu anderen Geräten ist der Original Reebok Step mit seinen 7,5 kg auch noch schön leicht.

Was wir über unseren Körper wissen sollten

Es würde den Rahmen dieses Handbuches sprengen, wollten wir an dieser Stelle ausführlich über die körperlichen Vorgänge während des Step-Trainings und die dadurch ausgelösten Veränderungen eingehen. Aber wenn es sich schon so ergeben hat, daß man beim Home-Training zugleich sein eigener Fitneß-Instructor ist, sollte man doch über die wesentlichsten Grundlagen Bescheid wissen.

Es ist ein elementares Prinzip, daß ein Organismus mit Anpassungsvorgängen reagiert, wenn ihm höhere Leistungen abverlangt werden, als er mit »normalem« Aufwand zu erbringen vermag. Wenn wir uns bis zur Ermüdung belasten – aber erst dann! –, werden Anpassungsvorgänge ausgelöst. Nach einer Phase verminderter Leistungsfähigkeit (das können ein, zwei Tage sein, an denen wir eventuell einen Muskelkater verspüren oder etwas mühsamer als sonst die Treppen hochkommen) wird die alte Leistungsfähigkeit nicht nur wieder erreicht, sondern sogar übertroffen. Leider bleibt der mühsam erschwitzte Leistungszuwachs nicht lange erhalten, wenn nicht rechtzeitig die nächste trainingswirksame Belastung folgt.

Veränderung der körperlichen Leistungsfähigkeit nach einer trainingswirksamen Belasting

Mit dieser Tatsache müssen wir uns abfinden:

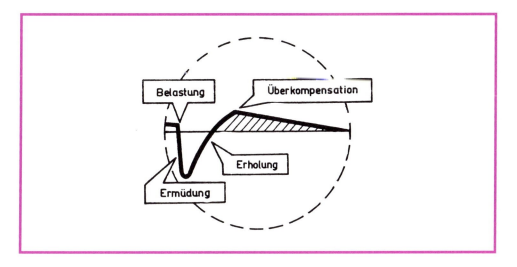

Kondition ist nicht speicherbar. Sie muß durch trainingswirksame Belastungen immer aufs neue erworben werden.

An jeder sportlichen und nichtsportlichen Bewegung sind stets zahlreiche Muskeln mit den dazugehörenden Sehnen sowie meist mehrere Gelenke beteiligt. Erst deren geordnetes Zusammenspiel ermöglicht einen reibungslosen Ablauf aller Bewegungshandlungen.

Bei Step-Aerobic ist die gesamte Muskulatur an der Bewegung beteiligt.

Die meiste Arbeit leisten aber *die* Muskeln, die entgegen der Schwerkraft arbeiten müssen. Dazu gehören die Beinstrecker, die Waden und die Hüftstrecker. Um den Körperschwerpunkt anzuheben leistet auch der Gesäßmuskel (»Treppensteige-Muskel«) einen entscheidenden Anteil. Bei allen seitwärts ausgeführten Bewegungen kommen die Beinabspreizer und Beinanzieher zum Einsatz.

Das zu wissen ist wichtig, um beim Stretching die beanspruchte Muskulatur durch langsame, gehaltene Dehnung wieder in den Ausgangszustand zu bringen.

Step-Aerobic verbessert Ausdauer, Kraft und Koordination

Step-Aerobic leitet sich, wie Sie bereits gelesen haben, von der ursprünglichen Aerobic her, ist also ebenfalls »aerobes« Training. Typisch für diese Art von Training ist, daß der größte Teil des Energiebedarfs dank ständiger Sauerstoffzufuhr durch die Atmung gedeckt werden kann. Die aerobe Energiegewinnung läuft zwar relativ langsam ab, da es eine gewisse Zeit dauert, bis der Sauerstoff über die Atmung und den Blutkreislauf die Muskeln erreicht. Dafür besteht aber der Vorteil, körperliche Belastungen relativ lange durchhalten zu können.

Was alle Fitneß-Sportarten gemeinsam haben: Sie sollen das Herz-Kreislauf-System trainieren, also die Ausdauer steigern. Der Vorteil von Step-Aerobic: die ideale Mischung von Ausdauertraining, Krafttraining und Koordination, Verbesserung der Bewegung – das ganze zu Musik und mit anschließender Regeneration und Entspannung.

Ausdauer

AUSDAUERTRAINING HÄLT DAS HERZ GESUND

Ausdauertraining »provoziert« den Organismus dazu, sich auf die ungewohnte Belastung besser einzustellen. Während das Herz des Untrainierten auf Ausdauerbelastungen mit einer Erhöhung der Schlagfrequenz reagiert, ist für das ausdauertrainierte Herz etwas anderes typisch: Es schlägt bei Bedarf vor allem kräftiger, während die Herzfrequenz bei gleicher Pumpleistung – verglichen mit dem untrainierten Herzen – nur »gedrosselt« ansteigt. Diese Arbeitsweise des trainierten Herzens ist viel ökonomischer und schonender! Die Fähigkeit des ausdauertrainierten Herzen, seine Arbeit mittels relativ kräftiger, aber gar nicht eiliger Schläge zu leisten, zeigt sich auch in der Ruhe. Ausdauertrainierte haben einen niedrigen Ruhepuls – für gewöhnlich unter 60 Schlägen/Minute –, während der Ruhepuls Untrainierter normalerweise zwischen 60 und 80 liegt.

Auch in einer anderen Hinsicht wirkt sich Ausdauertraining günstig aus. Der Organismus erholt sich nach Belastungen viel schneller und gründlicher. Das zeigt sich zum Beispiel darin, daß die Herzfrequenz nach einer Belastung relativ schnell wieder zum Ausgangswert zurückkehrt.

AUSDAUERTRAINING ERHÖHT DIE BELASTBARKEIT

Auch bei der **Muskulatur** bewirkt Ausdauertraining eine Vielzahl von Anpassungserscheinungen. So werden zum Beispiel die Energiespeicher im Muskel vergrößert, was ein ausdauernderes Arbeiten ermöglicht. Zur Energiegewinnung steht dem Muskel ein größeres Sauerstoffangebot zur Verfugung, das außerdem besser genutzt werden kann. Durch vielfältige und längerwährende Bewegungsaktivität verbessert sich die Koordination zwischen den Muskeln. Das bedeutet, daß ein Muskel mehr Kraft entwickeln kann, weniger Energieaufwand dafür nötig ist und die Ermüdung erst viel später einsetzt.

Wer schon am zweiten Treppenabsatz außer Puste ist, der weiß, was Ausdauertraining bewirken soll: eine körperliche Leistung zu vollbringen, ohne schnell zu ermüden. In den ersten Minuten kann die Atmung nur für eine mäßige körperliche Leistung den Sauerstoffbedarf decken, aber dann ist die Energiebereitstellung im aeroben Bereich in Gang gekommen. Das heißt, es wird so viel Sauerstoff aufgenommen, wie der Muskel zum Arbeiten braucht. Doch das geht nicht von heute auf morgen. Daher ist es wichtig, am Anfang jeder Trainingseinheit sich nicht gleich noch zu belasten, sondern langsam zu beginnen und dann kontinuierlich steigern.

AUSDAUERTRAINING CONTRA FETTPÖLSTERCHEN

Fettdepots legt der Organismus an, wenn er es sich leisten kann – wenn mehr Kalorien zugeführt werden, als durch körperliche Aktivitäten verbraucht werden. Oder umgekehrt – wenn weniger Energie verbraucht wird, als dem Körper durch die Nahrungsaufnahme zugeführt wurde.

Ausdauertraining ist, richtig betrieben, das ideale Mittel zum Abbau unerwünschter Fettpölsterchen. Doch was heißt »richtig betrieben«? Dazu sollte man wissen, daß Fettdepots Energiespeicher für Notsituationen des Körpers sein sollen. Deshalb greift der Organismus sie nicht so ohne weiteres an. Erst nach etwa 20 Minuten schweißtreibender körperlicher Belastung geht der Körper von leicht verfügbaren Arten der Energiebereitstellung zur Fettverbrennung über. Diese 20 Minuten sind gewissermaßen nur der unerläßliche »Anlauf«. Alles, was darüber hinausgeht, hilft dann aber tatsächlich, Fettgewebe abzubauen.

Kraft

Neben der Ausdauer sollte gleichzeitig die Kraft entwickelt werden. Das hat nichts mehr mit Bodybuilding zu tun, sondern meint eher Figurtraining. Muskelstraffung an den Problemzonen Bauch, Beine und Po.

Ganz wichtig beim Krafttraining ist das ausgewogene Üben der rechten *und* linken Seite. Es geht darum, muskuläre Dysbalancen zu vermeiden, wie sie zum Beispiel durch einseitiges Tragen einer Tasche aus dem Alltag bekannt sind. Viele Haltungsbeschwerden (Rückenschmerzen) kommen daher, daß ein Muskel durch Beanspruchen nur einer Seite verkürzt ist. Das Gleichgewicht der Muskelkräfte, die ein Gelenk oder einen Teil des Skeletts (z.B. das Becken) in seiner normalen Lage halten, ist dabei gestört. Die Folge sind Verspannungen und vorzeitige Abnutzungen. Deshalb sollten möglichst immer alle Muskeln mit einbezogen werden. Dynamisches Training mit acht bis 16 Wiederholungen reicht völlig aus. Am Anfang sollte mit mäßigem Kraftaufwand, geringer Intensität und keinesfalls maximalem Bewegungsumfang (also nicht »bis zum Anschlag«) geübt werden.

Koordination

Ein wichtiges Element des Trainings ist die Bewegungskoordination. Damit ist das geordnete Zusammenspiel der Muskeln dank der Steuerung durch das Zentralnervensystem gemeint. Bewegungskoordination beinhaltet das Gleichgewichts-, Reaktions-, Rhythmus- und motorische Anpassungsvermögen. Diese Faktoren bestimmen eine zweckvolle Ausführung der Bewegungen – nicht nur im Sinne von Technik. Ist die Bewegungskoordination gut entwickelt, laufen die Bewegungen auch sehr ökonomisch bei relativ geringem Krafteinsatz ab. Gut koordinierte und technisch richtige Ausführung der Übungen schützt auch vor Verletzungen. Besonders im Alter kann diese Fähigkeit jedoch verlorengehen. Darum muß das Koordinationstraining immer in das Üben einbezogen werden. Step-Aerobic bietet dafür optimale Bedingungen, da hier zum (nicht immer einfachen) Schritt (»Step«) auch noch die Arme variabel eingesetzt werden können und auch sollten. Am besten ist es, die Beinbewegungen am Anfang mit kleinräumigen Armbewegungen zu kombinieren und erst dann die Bewegung zu vergrößern.

Das kleine 1x1 der Koordinationsschulung

Damit es zu einer Verbesserung der koordinativen Fähigkeiten kommt, müssen bestimmte **Bedingungen für das Üben** gegeben sein:
– nervliche Frische,
– gute Konzentration auf die Aufgabe,
– ein ausreichend hoher Koordinativer Schwierigkeitsgrad der auszuführenden Bewegungen (sie dürfen nicht zu leicht sein),
– vielfältige koordinative Anforderungen (das Gegenteil wären Monotonie und stereotyp wiederkehrende Bewegungsabläufe).

Belastung und Belastungskontrolle

Gerade dann, wenn Sie erst am Anfang eines sportlichen Trainings stehen, sollten Sie die Regeln von Belastung und Erholung besonders streng beachten. Einerseits, um Überforderungen zu vermeiden, andererseits, um das Training so effektiv wie möglich zu gestalten.

Belastung läßt sich zum Beispiel über die Atmung und die Pulsfrequenz kontrollieren. Beide steigen mit zunehmender Belastung an.

Atmung und Belastung

Je nach körperlicher Beanspruchung reguliert sich Ihr Atem. Je mehr Sie sich bewegen, um so mehr Sauerstoff braucht der Körper – man atmet tiefer und schneller. Umgekehrt sagt die Atemfrequenz viel über die Höhe der Belastung aus.

Etwa 25 bis 35 Atemzüge pro Minute können als Richtwert für die angestrebte Belastung bei unserem Step-Aerobic-Training dienen.

Als einen groben, aber durchaus brauchbaren **Richtwert** können Sie sich merken: Man sollte sich ruhig noch mit dem Nachbarn, der Freundin oder dem Trainingspartner unterhalten können.

Leider halten viele unbewußt den Atem an, um sich zu konzentrieren. Dabei kommt es zur sogenannten »Preßatmung«, die eine gute Sauerstoffaufnahme verhindert. Sie verkrampfen und sind unnütz angespannt. Ganz wichtig ist das richtige Atmen beim Figur-Training, wo es sehr schnell zur Preßatmung kommen kann. Befolgen Sie besser folgende Regel:

Beim Üben selbst, wenn die Muskeln arbeiten, atmen Sie aus, und wenn sich der Muskel wieder entspannt, atmen Sie ein.

Pulskontrolle

Viel genauer als die Atmung zeigt die Herzfrequenz (HF), »der Puls«, den Grad der Belastung an.

Belastungskontrolle

Um das richtige Belastungsniveau zu ermitteln, muß also der Puls gemessen werden. Wie macht man das richtig? Bei sportlichen Belastungen ist der Pulsschlag besonders deutlich an der Halsschlagader, direkt am Herzen oder an der Pulsschlagader am Handgelenk zu spüren. Am besten, Sie legen zwei Finger (nicht den Daumen) an die Innenseite des Handgelenks, und zwar unterhalb des Daumens. Während der nächsten 10 Sekunden zählen Sie jeden Schlag und nehmen den Wert mal 6 (= 60 Sekunden, 1 Minute). So erhalten Sie zunächst Ihren **Ruhepuls**, ausgedrückt in Schlägen pro Minute.

Um nun von der Pulsfrequenz auf die Belastung schließen zu können, muß auch ab und an während des Step-Trainings der Puls ermittelt werden. Auch eine Minute nach Beendigung des Trainings sollten Sie Ihren Puls messen, um zu überprüfen, ob Sie in der Lage sind, sich normal zu erholen. Dieser Pulswert sollte um 20 bis 30 Schläge unter Ihrem Trainingspuls liegen. Welcher Pulswert für den einzelnen die richtige Belastung anzeigt (**Trainingspuls**), hängt vom Alter des Betreffenden, aber auch vom individuellen Ruhepuls ab.

Pulswerte, die den optimalen Belastungsgrad anzeigen (Trainingspuls)

Alter	Ruhepuls						
	< 50	< 60	< 70	< 80	< 90	< 100	>100
bis 30	130	130	135	135	140	140	145
bis 40	130	130	135	135	135	140	145
bis 50	125	125	130	130	130	135	135
bis 60	120	120	125	125	125	130	130
bis 70	115	115	120	120	120	125	125

Denken Sie auch daran, daß verschiedene Einflüsse die Pulsfrequenz verändern können. Wie zum Beispiel vorherige Aufregung, eine Erkältung, Medikamente oder auch Streß.

Wie hoch Sie sich beim »Steppen« belasten, entscheiden letztlich Sie selbst. Ignorieren Sie bei allem Übungseifer aber körpereigene Signale nicht. Schweißausbruch, Gesichtsröte, zu schnelle Atmung und unkonzentriert ausgeführte Bewegungen sind Zeichen deutlicher Ermüdung. Planen Sie also unbedingt auch Erholungspausen ein, oder verlangsamen Sie rechtzeitig das Tempo.

Verschiedene Arten von Step-Aerobic-Stunden

DIE REINE STEP-STUNDE
Es werden ausschließlich das Herz-Kreislauf-System trainiert und zwangsläufig auch die Bein- und die Rumpfmuskulatur gekräftigt. Eine solche Einheit besteht aus dem Warm up, dem Step-Training und dem Cool down. (vgl. S. 106)

DIE STEP-STUNDE MIT MUSKELKRÄFTIGUNG
Nach dem Warm up und dem Step-Training folgt das gezielte Training von Bauch, Rücken, Beinen und Po. Am Ende dieser Einheit stehen das Stretching der gekräftigten Muskeln und die Entspannungsphase.

DAS STEP-CIRCUIT
Als Mischform aller Elemente sorgt dieses Intervalltraining für Abwechslung. Man bezieht kleine Handgeräte mit ein, wie Gummibänder oder Hanteln. Nach dem Warm up und dem Step-Training werden im Wechsel die zu kräftigenden Muskeln beansprucht. Und zwar so, daß nach jeder Übung eine kurze Pause eingelegt wird, bevor die nächste Muskelgruppe an die Reihe kommt. Dafür werden mehrere Durchgänge absolviert. Eine Ausnahme ist zu beachten: Erst nach dem Cool down sind die Bauchmuskeln dran, da sie in der Rückenlage gekräftigt und gestrafft werden.
Welche Form des Trainings Ihnen angenehm ist, müssen Sie schon allein herausfinden. Schritt für Schritt.

Über BPM und die Musik

Wie eng Musik mit Bewegung zusammenhängt, muß wohl nicht näher erklärt werden. Bei der Aerobic unterstützt Musik durch ihren Rhythmus die Bewegungen, ermöglicht so das harmonische und dynamische Üben.

Genauso wie bei der Aerobic wäre auch das Training mit dem Step ohne die richtige Musik schwerlich möglich, ja eigentlich undenkbar.

Sie könnten schon Ihren Lieblingstitel auflegen, aber für aerobes Training sollte neben dem Takt auch das Tempo stimmen, damit der Körper beim Herz-Kreislauf-Training in Schwung kommt. Und auch bleibt.

Die richtige Musik

Wieso BPM?

Für Aerobic und Step-Aerobic haben sich nach und nach einige Begriffe durchgesetzt, die Sie kennen und unbedingt berücksichtigen sollten. Zum Beispiel »BPM«.

BPM bedeutet »Beats per minute«, also Schläge pro Minute, und meint die Taktschläge, die in einer Minute erfolgen. Mit der BPM-Zahl wird das Musiktempo und damit das Tempo des Übens angegeben. Die Struktur eines Musik-Titels bestimmt, ob man sich leicht nach dieser Musik bewegen kann oder nicht. Darum braucht jeder Teil einer Step-Aerobic-Stunde – entsprechend dem Inhalt – eine Musik ganz bestimmten Tempos, ausgedrückt durch eine entsprechende BPM-Zahl.

Richtwerte für Step-Aerobic-Musik	
Warm up:	ca. 125 bis 135 BPM
Step-Teil:	118 bis 122 BPM
Figurtraining:	bis 130 BPM
Stretching:	ohne BPM, langsam

Eine weitere Besonderheit der Step-Aerobic ist die Zählweise. Jeder einzelne Schritt ist von Bedeutung. Jeder Schritt entspricht einem Schlag (Beat). Musik gliedert sich immer in Takte. In der Step-Aerobic besteht ein Takt aus acht Schlägen (Beats). Vier Takte zu je acht Schlägen ergeben zusammen einen Musikbogen aus 32 Schlägen.

Takt 1:	Schläge 1 2-3-4-5-6-7-8	
Takt 2:	Schläge 1-2-3-4-5-6-7-8	= 16 Schläge
Takt 3:	Schläge 1-2-3-4-5-6-7-8	
Takt 4:	Schläge 1-2-3-4-5-6-7-8	= 16 Schläge
	zusammen:	= 32 Schläge

Wie schon erwähnt, wird jeder Schritt gezählt. Die Anzahl der Takte muß bei jeder Schrittkombination unbedingt beachtet werden. Beim Üben zu Hause ist das Einhalten dieser kleinen Grundregel sehr wichtig. Nur so können Sie die Übungsfolgen aus den Trainingsplänen nachsteppen und problemlos nach diesem Muster selbst tätig werden.

Zum besseren Verständnis ein **Beispiel** mit einfachen Grundschritten:

2 *Basic,* *single lead,* mit rechts, (2 x 4 Schläge) ⎫
2 *Basic,* *single lead,* mit links, (2 x 4 Schläge) ⎬ = 16 Schläge

2 *V-step,* *single lead,* mit rechts, (2 x 4 Schläge) ⎫
2 *V-step,* *single lead,* mit links. (2 x 4 Schläge) ⎬ = 32 Schläge

In der Musik hört man den ersten Schlag eines neuen Taktes sehr deutlich: durch den Einsatz eines neuen Instrumentes, durch Weglassen typischer Klangfolgen oder Veränderungen im Gesang.

Nun zur Musik selbst. So ziemlich jede Musik ist für Bewegungen geeignet: Mit Musik geht alles besser … Ein Herz-Kreislauf-Training, wie Aerobic oder Step-Aerobic, braucht allerdings die richtige Musik.

Sie können zwar das Radio anmachen und sich zu der zufällig laufenden Musik bewegen. Aber Ihre Freude wird dann nur von kurzer Dauer sein. Besser sind spezielle Kassetten mit Musik, die auf die neue Sportart zugeschnitten ist. Da kann man schon an der Musikauswahl deutlich ein Warm up oder den Cardio-Teil erkennen.

Es muß gar nicht immer der aktuelle Sound sein. Ob Disco-Musik oder Schlager, Rock oder flotter Jazz, Funky oder ein anderer Stil – alles eignet sich zum Trainieren. Es soll Ihnen ja vor allem Spaß machen!

Wer fertige Kassetten kauft, spart viel Zeit und hat garantiert brauchbare Musik zur Verfügung. Doch diese Kassetten sind nicht gerade billig. Selbst Step-Aerobic-Musik aufnehmen ist zwar aufwendig, aber es hat den Vorteil, daß Sie ihre Lieblingsmusik wählen und die Abfolge der Titel bestimmen können.

Und so geht's: Zählen Sie über genau 60 Sekunden die Takte aus (oder 15 Sekunden lang – mal vier). Was den »BPM« entspricht. Zusammen passen nur Titel, die die gleichen BPM haben oder darin nur wenig voneinander abweichen. Um eine Step-Musik zu haben, zu der man fließend üben kann, sollten die Titel auch möglichst ohne Unterbrechung und ohne Taktstolperstellen ineinander übergehen.

Die richtige Musik

Beim ersten Titel müssen Sie die Takte und Schläge mitzählen. Am Ende des Titels nach dem 8. Takt auf die Pausentaste drücken, das nächste Lied aber schon früher beginnen, da das Band etwas Vorlauf braucht.

Wichtig: die aufgenommene Musik sofort abhören und auf Schnittgenauigkeit prüfen. Wenn nötig, erneut aufnehmen.

Geeignet sind aktuelle CD, Sampler oder Maxi-Singles. Aber Vorsicht bei sogenannten »Breaks«. Diese Musiksprünge, die vielen Stücken eine extra Note geben sollen, stören das fließende Üben einer Kombination.

Wer fertigen Kassetten den Vorzug gibt, erhält diese über den Fachhandel. Die Auswahl reicht von aktuellen Trends über Oldie-Hits bis zu speziellen Angeboten, wie aufgepeppter Weihnachtsmusik.
Abstufungen nach »Step 1« und »Step 2« oder »Power Step« und »Step Workout« erleichtert Ihnen ein wenig das Aussuchen.
Bei Fertig-Kassetten ist man allerdings dem Musikgeschmack des DJ ausgeliefert. Und sie sind meist vom Umtausch ausgeschlossen. Ein Vorteil aber bleibt: Beim professionellen Musik-Mix sind die »Sprünge« entfernt worden, und alle Titel haben die jeweils geforderten BPM für die einzelnen Step-Aerobic-Teile.
Reebok® bietet dazu ein recht umfangreiches Programm an. Für Step-Aerobic sind über 20 professionell gemixte Kassetten im »Muscle Mixed Music«-Vertrieb zu haben. Und das Angebot wird ständig aktualisiert.

Vorschläge für Musik

	Titel	Interpret	BPM
Warm up	1. Everybody Dance	Dellerris Whitewing	132
	2. Take Your Time	Tokapi	134
	3. Don't You Want Me	Felix	135
	4. Black Is Black	Allnighter's	136
	5. Hungry Animal	Rise & Shine	136
	6. Inside Out	CultureBeat	137

Step-Teil	1. Whadda U Want From Me	Frankie Knuckles	121
	2. Movin'On Up	Robin Gallo	122
	3. The Weekend's Here	Shut Up And Dance	122
	4. Push Push	RockersHi-Fi	122
	5. When Think Of You	Janet Jackson	122
	6. Chains Of Love	Dana Kamide	122
	7. We Are Family	Randy Paul	122
	8. The Good Life	New Power Generation	123
	9. I'm Your Baby Tonight	Lisa Zimmardo	123
	10. Hideaway	De'Lacy	123
Floorwork	1. All Night Long Mary	J. Blige	124
	2. Give Me the Night	Randy Crawford	124
	3. Breaking Away	Kim Wilde	124
	4. Touch The Sky	Cartouche	125
	5. Come Together	Gary's Gang	125
	6. Taking Liberties	Jazz Vandall's	126
	7. How Will I Now	Whitney Houston	126
	8. Fairground	Simply Red	126
	9. Give Me Live	Army of Lovers	128
	10. Recall	Technotronic	129
Cool down	1. 7 Seconds	Youssou n'dur	slow
	2. Love Takes Time	Robert Palmer	slow
	3. One Day	Björk	slow
	4. You Are Not Alone	Michael Jackson	slow
	5. Celebration	Fun Factory	slow
	6. Downtown Train	Tom Waits	slow

Nützliche Tips und Hinweise

Bevor Sie mit dem Step loslegen, lesen Sie auch noch diesen Abschnitt. Hier finden Sie wichtige Hinweise zur Vorbereitung und Durchführung des Trainings – Sie sollten einfach ein paar Dinge beachten, die nicht unwesentlich zum Erfolg beitragen.

Trainingszeit

Die Vorteile des Übens zu Hause sollten Sie unbedingt nutzen: keine festgelegten Trainingszeiten, kein Abhetzen nach der Arbeit, kein Druck durch den Trainer. Sie allein bestimmen den Zeitpunkt, wann Sie trainieren möchten. Der eine mag es gleich nach dem Frühstück, um den Kreislauf in Schwung zu bringen, Energie für den Tag zu gewinnen. Der andere in den Nachmittagsstunden, um vom Arbeitstag abzuschalten, sich geistig zu entspannen und körperlichen Ausgleich zu erfahren.

Wann Sie üben, liegt in Ihrer Hand. Wichtig ist, daß sie üben. Und zwar regelmäßig. Am Anfang einmal in der Woche, dann recht bald zweimal und schließlich möglichst dreimal. Richten Sie sich spezielle Tage dafür ein, und reservieren Sie sich den Platz für Ihre Gesundheit. Klingel und Telefon aus – jetzt sind Sie dran!

Für eine Step-Einheit planen Sie ruhig eine halbe Stunde ein. Wichtig: Das Warm up und das Cool down nicht vernachlässigen.

Platz und Raum

Für das neue Trainings-Gerät brauchen Sie ein bißchen mehr Platz als für normale Gymnastik. Aber bei den vorteilhaften Abmessungen des Steps (90 x 35 cm) wird der sich auch finden.

Tips: Gehen Sie einmal mit seitlich ausgestreckten Armen um den Step herum. Wenn Sie nirgends angestoßen sind, reicht die Fläche aus: etwa 2 x 2 Meter in der Mitte des Zimmers.

Wenn es möglich ist, öffnen Sie noch das Fenster, um frische Luft hereinzulassen. Frische Luft und Tageslicht heben enorm die Stimmung beim Üben. Stellen Sie nach dem Üben Ihr wunderbares Trainingsgerät nicht in eine dunkle Ecke, wo es mühsam wäre, es von dort wieder hervorzuholen. Geben Sie ihm den Platz, den Sie auch anderen wichtigen Dingen in Ihrer Wohnung zukommen lassen.

Muskelkater

Durch die Ermüdung der Muskulatur, ausgelöst durch die neuen und ungewohnten Bewegungen auf und mit dem Step, kann es zum Muskelkater kommen. Ruckhafte Bewegungen oder ein überforderter Muskel begünstigen das Auftreten dieses Schmerzes. Muskelkater ist nichts Schlimmes, er ist nicht gesundheitsschädigend. Nur unangenehm.

Vorbeugen können Sie dem Muskelkater durch ein gründliches Warm up. Und dadurch, daß Sie die körperliche Belastung tatsächlich nur allmählich ansteigen lassen. Ein ausgiebiges Cool down trägt zur Entmüdung bei und kann so manchen Muskelkater verhindern. Sollten Sie dieses Ziehen im Muskel aber schon gleich nach Ihrer Trainingseinheit spüren, kann ein heißes Bad oder der Gang in die Sauna helfen. Es gibt auch Salben, die die Schmerzen lindern. Aber versuchen Sie es lieber ohne. Auch leichte Gymnastik hilft.

Bekleidung

Bei der Wahl der Bekleidung kommt es vor allem darauf an, daß Sie sich in ihr auf Anhieb wohl fühlen! Ob Sie lieber in Hemd und Hose oder im flotten Outfit trainieren möchten, entscheiden Sie selbst. Von einfarbig bis bunt, von lässig bis knapp ist die Auswahl groß. Verschiedene Materialien, Schnitte, Muster und aktuelle Trends erschweren den Kauf. Doch es gibt ein paar Anhaltspunkte: Schweißaufsaugendes Material soll es natürlich sein. Noch besser als Baumwolle ist ein neues Gemisch aus Baumwolle und Lycra, da es Feuchtigkeit aufsaugen kann und trotzdem warm hält. Ein körpernaher, aber nicht einengender Body (Gymnastikanzug) ist praktisch, da er viel Bewegungsfreiheit läßt und die Brust stützt. Auch bei Übungen in der Vorbeuge bleibt die Nierengegend bedeckt. Eine Unterkühlung des Rükkens beim Stretching kann damit nicht vorkommen.

Schuhe

Zur Step-Aerobic braucht man unbedingt gute Schuhe. Durch das ständige Auf und Ab sind die Füße – die Gelenke und Bänder – hoch belastet. Die Schuhe müssen sicheren Halt geben und vor allem richtig passen. Im Sportfachgeschäft kann man sich dazu ausführlich beraten lassen.

Gute Schuhe
- dämpfen den Aufprall in hohem Maße,
- fangen das eigene Körpergewicht ab,
- schützen mit einer seitlichen Verstärkung den Vorderfuß,
- verhindern durch eine Längs- und Seitenstabilität das Umknicken,
- weisen eine Einkerbung für die Achilles-Sehne auf und
- wirken leichten Besonderheiten des Fußgelenks entgegen.

Aus dem letztgenannten Punkt geht hervor, daß es den idealen Schuh nicht geben kann, denn den dazugehörigen »Einheitsfuß« gibt es ja nicht. Da in vielen Fällen die Füße entweder zu einer stärkeren Pronation (hierbei ist der Fuß leicht nach innen gekippt) oder aber Supination (Fuß ist leicht nach außen gekippt) neigen, bieten die Sportschuhfirmen auch Schuhe an, die der einen oder anderen Tendenz entgegenwirken. Hier sollte man den Rat das Fachverkäufers einholen.

Reebok® bietet eine Auswahl extra leichter Schuhe mit verstärkter EVA-Zwischensohle, Graphlite-Brücke zur Gewichtsreduktion und Stabilisierung im Mittelfußbereich sowie Hexalite-Dämpfung im Vorderfuß an. Das Obermaterial ist aus Leder mit Verstärkungen und offen gewebten Belüftungselementen.

Nun müssen Sie zu Beginn des Trainings nicht gleich neue Schuhe kaufen, aber Schläppchen oder Gymnastik-Schuhe eignen sich nun mal wirklich nicht!

Die zehn wichtigsten Step-Regeln

1. Vor Beginn des Übens die Standfestigkeit des Steps prüfen, besonders die sichere Lage der Unterteile!

2. Die Höhe des Steps unbedingt entsprechend der eigenen Leistungsfähigkeit einstellen, nicht übertreiben!

3. Stehen Sie in der Ausgangsstellung nicht zu weit vom Step entfernt, immer nur etwa einen halben Fuß!

4. Der Oberkörper ist leicht nach vorn gebeugt, der Rücken bleibt dabei aber gerade!

5. Auch die Kniegelenke immer leicht beugen. Beim Üben mit dem Step aber nie stärker als bis 90°!

6. Immer den ganzen Fuß in der Mitte des Steps aufsetzen und sanft (nicht hörbar) aufsteigen!

7. Vermeiden Sie Drehbewegungen auf dem belasteten Bein! Den ersten Schritt stets mit dem »freien« Bein machen.

8. Immer nur rückwärts vom Step absteigen, nicht nach vorn! Das würde den Gelenken und Bändern schaden.

9. Beim Absteigen die Füße immer so aufsetzen, daß sie vollständig bis zur Ferse abrollen!

10. Ständig Blickkontakt zum Step halten. Kontrollieren Sie stets aus den Augenwinkeln, ob der Fuß wirklich in der Mitte ist!

Lesen Sie sich diese Regeln ruhig ab und zu wieder durch, und überprüfen Sie im stillen, ob Sie sich tatsächlich professionell daran halten. Sie vermeiden Verletzungen und haben ganz sicher mehr Spaß bei Fitneß- und Figur-Training!

Wichtige Begriffe

Step-Aerobic-Begriffe im Überblick

Viele Wörter sind aus dem Englischen übernommen, wo Step-Aerobic ihren Ursprung hat. Einige Namen von Bewegungen wurden eigens kreiert, andere haben nach ihrem Ablauf oder der Richtung die entsprechende Bezeichnung erhalten. Bis heute gibt es keine einheitlichen Namen, jeder variiert nach eigenem Gefallen. Diese kleine Übersicht soll Ihnen den begrifflichen Einstieg ins Training erleichtern.

KÖRPER			ANZAHL		
leg	–	Bein	one	–	eine/einer
knee	–	Knie	two	–	zwei
foot	–	Fuß	single	–	einfach
toe	–	Zehe	double	–	doppelt

BEWEGUNG			RICHTUNG		
march	–	marschieren	front	–	vor/vorn
step	–	Schritt	back	–	hinten
tap	–	tippen	side	–	(zur) Seite
touch	–	berühren	middle	–	Mitte
kick	–	treten	out	–	außen
dig	–	stoßen	in	–	innen
turn	–	drehen	top	–	oben
repeat	–	wiederholen	up	–	hoch
change		wechseln	down	–	runter
alternate	–	abwechseln	over	–	über
flex	–	beugen			
curl	–	anziehen			
jump	–	springen			

Wie Sie sich mit dem Step fit machen

Aufbau einer Step-Aerobic-Einheit

Eine Step-Aerobic-Einheit soll nach trainingsmethodischen Prinzipien gegliedert sein. Klar, daß Sie nicht einfach draufloshüpfen und dann einen Trainingseffekt erwarten können. Die Trainingsstunde sollte stets mit einem Abschnitt beginnen, der den Organismus auf die eigentliche Belastung einstimmt, und einen entspannenden Schluß haben. Im Mittelpunkt des Trainings stehen aber natürlich die Bewegungen auf und mit dem Step. Sie sollten etwa 20 Minuten einnehmen.

Charakteristisch für eine Step-Aerobic-Einheit ist also, daß sie dreigeteilt ist in:
- ▶ 1. **Warm up**
- ▶ 2. **Hauptteil (Step-Training und häufig auch Figurtraining)**
- ▶ 3. **Cool down.**

Übungen zum Aufwärmen

Das ▶ **Warm up** dient der physischen und psychischen Vorbereitung auf die folgende Belastung.
Drei bedeutsame Wirkungen einer guten Erwärmung sind:
– Leistungsvermögen und Belastungserträglichkeit sind verbessert.
– Die Verletzungsanfälligkeit ist deutlich herabgesetzt.
– Die Reaktionsfähigkeit erhöht sich.

Besondere Aufmerksamkeit gilt deshalb den verletzungsanfälligen Partien, wie Fuß, Wade, Knie und unterer Rücken. Beim Warm up wird die Bewegungsintensität langsam gesteigert. Der Step sollte immer wieder mit einbezogen werden, wobei die Arme natürlich mitschwingen. Zum Aufwärmen bedient man sich leichter, unkomplizierter Bewegungen. Schwierigere, koordinativ anspruchsvolle Übungen folgen im Hauptteil. Am Ende der Erwärmungsphase sind Dehnübungen für Oberschenkel und Waden durchzuführen.
   Auch wenn es nicht bei jeder Gelegenheit ausdrücklich gesagt wird (z.B. bei den am Ende des Buches zusammengestellten Trainingsprogrammen), ist darauf zu achten, daß die Übungen – sofern sinnvoll – sowohl nach links als auch nach rechts ausgeführt werden.

Dauer: 8 bis 12 Minuten.

Hinweis: Die Fotos auf den folgenden Seiten sind so angelegt, daß links immer die Auftaktbewegung und rechts die Hauptphase gezeigt wird.

March
(Marschieren)

▶ Gehen Sie am Ort. Achten Sie darauf, daß Sie mit der Fußspitze aufsetzen und vollständig bis zur Ferse abrollen. Die Knie dabei nicht ganz durchstrecken.

▶ Nehmen Sie die Arme in natürlichem Schwung locker an der Seite mit.

▶ Wiederholen Sie die Übung achtmal – viermal mit dem linken, viermal mit dem rechten Bein beginnend.

Übungen zum Aufwärmen

March auf dem Step

▶ Steigen Sie auf den Step. Gehen Sie am Ort, und achten Sie auf korrekte Fußarbeit. Erfühlen Sie das neue Gerät: seine Breite, Elastizität, Sicherheit.

▶ Nehmen Sie die Arme in natürlichem Schwung locker an der Seite mit.

▶ Beginnen Sie die Übung einmal mit dem rechten, einmal mit dem linken Bein, und üben Sie je achtmal.

Step touch
(Schritt mit Berührung)

▶ Machen Sie mit dem rechten Bein einen Schritt zur Seite und ziehen Sie den linken Fuß nach. Dieser setzt kurz unbelastet auf, macht dann einen Schritt zur anderen Seite. Die Füße sind dabei immer parallel zueinander.

▶ Führen Sie die leicht gebeugten Arme im Wechsel zur Seite.

▶ Wiederholen Sie die Übung in zwei Serien zu je achtmal.

Übungen zum Aufwärmen

Side to side
(Von einer Seite zur anderen)

▶ Nehmen Sie einen leichten Grätschstand ein.
Verlagern Sie nun das Gewicht von einem Bein auf das andere, bis nur noch die Fußspitze des unbelasteten Beines den Boden berührt. Dann zur anderen Seite.

▶ Heben Sie abwechselnd zur Bewegungsrichtung den leicht gebeugten Arm in die Vorhalte.

▶ Wiederholen Sie die Übung achtmal. Im Wechsel mit dem rechten und linken Bein beginnen.

Heel dig
(Ferse vorstoßen)

▶ Beginnen Sie mit »Step touch«. Heben Sie aber den unbelasteten Fuß vom Boden ab und tippen Sie mit der Ferse kurz auf den Step. Dann die Seite wechseln.

▶ Beugen Sie die Unterarme im rechten Winkel an.

▶ Wiederholen Sie die Übung, einmal mit dem rechten, einmal mit dem linken Bein beginnend, je achtmal.

Übungen zum Aufwärmen

Lunge diagonal
(Ausfallschritt diagonal)

▶ Machen Sie einen Schritt zur Seite, wobei der Fußballen eingedreht aufsetzt und sich der gesamte Körper mit eindreht. Die Ferse des führenden Fußes setzt nicht auf. Nach der Rückbewegung in die Ausgangsstellung zur anderen Seite üben.

▶ Kreuzen Sie die Arme vor dem Oberkörper und öffnen Sie sie dann neben dem Körper.

▶ Wiederholen Sie die Übung achtmal. Beginnen Sie abwechselnd mit dem rechten und dem linken Bein.

Knee lift
(Knie anheben)

▶ Beginnen Sie aus dem schulterbreiten Stand mit »Side to Side«. Ziehen Sie nun im Wechsel das Knie des unbelasteten Beines nach oben. Nicht höher als bis zur Hüfte. Das andere Bein bleibt leicht gebeugt.

▶ Nehmen Sie beide Arme mit nach vorn, während Sie das Knie heben.

▶ Wiederholen Sie die Übung je achtmal. Im Wechsel mal mit dem rechten, mal dem linken Bein beginnen.

Grapevine
(Kreuzschritt)

▶ Machen Sie einen großen Schritt zur Seite, die Ferse setzt zuerst auf. Kreuzen Sie mit dem anderen Bein hinter dem Standbein. Das führende Bein setzt noch einen weiteren Schritt zur Seite, das andere schließt zur Ausgangsstellung. Lassen Sie das Becken dabei gerade.

▶ Immer den Arm zum gleichseitigen Bein im rechten Winkel neben den Körper bringen.

▶ Wiederholen Sie die Übung in jede Richtung achtmal.

Side squat
(Seitlich hocken)

▶ Setzen Sie einen Fuß zur Seite, verlagern Sie dabei dabei das Körpergewicht in die Mitte. Der gleiche Fuß zieht wieder zurück in die Ausgangsstellung. Achten Sie darauf, daß die Knie immer über die Fußspitzen zeigen.

▶ Stützen Sie die die Hände dabei auf den Oberschenkeln ab. In der Grundstellung klatschen Sie in die Hände.

▶ Wiederholen Sie die Übung achtmal. Beginnen Sie mal mit dem rechten und mal mit dem linken Bein.

Übungen zum Aufwärmen

Push touch
(Seitlicher Stoß)

▶ Beginnen Sie im Schlußstand. Setzen Sie die rechte Fußspitze zur Seite, ohne dabei das Gewicht zu verlagern, und ziehen Sie den Fuß wieder zur Ausgangsstellung zurück.

▶ Nehmen Sie die gestreckten Arme zur Seite, dann vor dem Oberkörper überkreuzen.

▶ Wiederholen Sie die Übung nach jeder Seite achtmal.

▶ Step -Training

Im Hauptteil der Step-Einheit wird vor allem das Herz-Kreislauf-System trainiert. Begonnen wird immer mit einfachen Grundschritten, den **Basics**, die dann zu kleinen **Kombinationen** oder größeren **Choreographien** zusammengefügt werden. Die Dauer dieses Teils, die Intensität und der Schwierigkeitsgrad der einzelnen Elemente richten sich nach Ihrem Leistungsvermögen. Es soll neben dem Trainingseffekt vor allem Spaß machen.
Also: nicht überfordern!

Dauer: 12 bis 40 Minuten

Basics – Die Grundschritte
Ausgangsstellung: From the front (Von vorn),

▶ Der Step liegt vor Ihnen quer am Boden. Ihre Füße sind etwa einen halben Fußbreit entfernt.

▶ Spannen Sie die gesamte Muskulatur an. Der Körper ist etwas vorgeneigt, die Knie sind leicht gebeugt.

▶ In dieser Position beginnen die ersten Step-Schritte.

Basic, single lead
(Grundschritt, einseitige Führung)

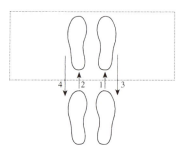

▶ Steigen Sie mit dem rechten Fuß flach auf den Step, setzen Sie den linken Fuß hüftbreit daneben. Dann mit rechts zurück zur Ausgangsstellung (mit der Fußspitze aufsetzen, bis zur Ferse abrollen), mit links dasselbe. Beginnen Sie wieder mit rechts.

▶ Beugen Sie dazu die Unterarme bis zum rechten Winkel an.

▶ Wiederholen Sie die Übung achtmal. Wechseln Sie dann das Auftaktbein.

Basics – Die Grundschritte

Basic, alternating lead
(Grundschritt, wechselnde Führung)

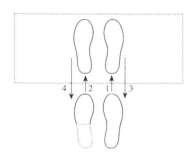

▶ Beginnen Sie mit dem rechten Fuß (flach) und setzen den linken Fuß daneben. Dann mit rechts zurück zur Ausgangsstellung (von der Fußspitze bis zur Ferse), wobei der linke Fuß ohne Belastung auftippt. Beginnen Sie jetzt mit dem linken Fuß (Foto), arbeiten Sie im Wechsel.

▶ Zum Schritt rechts die Unterarme anwinkeln, beim linken Bein die Arme nach unten nehmen.

▶ Wiederholen Sie die Übung in zwei Serien zu je achtmal.

V-step, single lead
(Wie ein »V«, einseitige Führung)

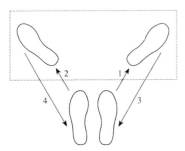

▶ Steigen Sie mit dem rechten Fuß (Ferse!) rechts auf den Step, mit dem linken Fuß links. Gehen Sie mit rechts zurück zur Ausgangsposition, mit links dasselbe. Stellen Sie sich bei dieser Bewegung ein »V« vor. Beginnen Sie wieder mit dem rechten Fuß.

▶ Nehmen Sie zum Bein den entsprechenden Arm in die Vorhalte mit.

▶ Wiederholen Sie die Übung achtmal, und wechseln Sie dann das Bein.

Basics – Die Grundschritte

V-step, alternating lead
(Wie ein »V«, wechselnde Führung)

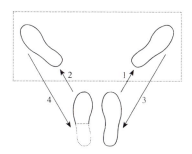

▶ Denken Sie wieder an das »V«. Steigen Sie mit dem rechten Fuß (Ferse!) rechts auf den Step, mit dem linken Fuß links. Gehen Sie mit rechts zurück zur Ausgangsstellung, der linke Fuß folgt. Allerdings tippt er nur ohne Belastung auf, denn jetzt beginnen Sie mit links. Dann immer im Wechsel üben.

▶ Die Armbewegung behalten Sie bei.

▶ Wiederholen Sie die Übung achtmal und wechseln Sie dann das Auftaktbein.

Tap up, tap down
(Schritt mit Auftippen)

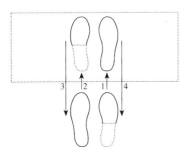

▶ Gehen Sie mit dem rechten Fuß auf den Step, der linke Fuß tippt kurz daneben und geht zurück in die Ausgangsstellung. Der rechte auch. Dann mit links beginnen und immer im Wechsel üben. Dieser Schritt kann auch diagonal nach rechts und links ausgeführt werden.

▶ Beugen Sie jeweils die Arme rechtwinklig an.

▶ Wiederholen Sie die Übung mit geradem Fußaufsatz in zwei Serien zu acht mal. Dann je achtmal mit diagonalem Fußaufsatz nach rechts und nach links.

Basics – Die Grundschritte

Knee lift
(Knie anheben)

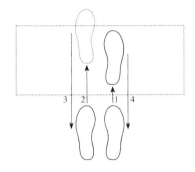

▶ Steigen Sie mit dem rechten Fuß auf den Step, das linke Knie heben Sie (nicht über 90°) an. Der linke Fuß geht zurück, der rechte folgt. Dann mit links beginnen und im Wechsel üben. Dieser Schritt kann auch diagonal nach rechts und links ausgeführt werden.

▶ Nehmen Sie beide Arme mit nach vorn.

▶ Wiederholen Sie die Übung mit geradem Fußaufsatz in zwei Serien zu achtmal. Dann je achtmal in die Diagonale.

Front leg kick
(Nach vorn stoßen)

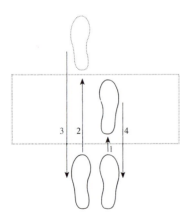

▶ Steigen Sie mit dem rechten Fuß auf den Step. Mit dem linken Fuß stoßen Sie kurz nach vorn, als ob Sie einen Ball wegschießen. Zurück in der Ausgangsstellung, beginnt der linke Fuß. Üben Sie im Wechsel. Dieser Schritt kann auch diagonal nach rechts und links ausgeführt werden.

▶ Nehmen Sie jeweils den dem Bein entgegengesetzten Arm mit nach vorn.

▶ Wiederholen Sie die Übung in zwei Serien zu achtmal, erst gerade und dann in die Diagonale.

Basics – Die Grundschritte

Side leg lift
(Bein seitlich abheben)

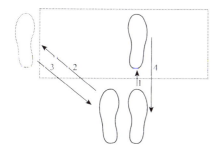

▶ Gehen Sie mit dem rechten Fuß auf den Step. Heben Sie das linke Bein zur Seite ab, und wieder zurück in die Ausgangsstellung. Dann mit links beginnen. Üben Sie im Wechsel. Auch dieser Schritt kann diagonal ausgeführt werden.

▶ Beide Arme führen Sie jeweils zur Seite und überkreuzen sie vor dem Oberkörper.

▶ Wiederholen Sie die Übung in zwei Serien zu achtmal. Erst gerade, dann je achtmal diagonal.

Leg curl
(Bein beugen)

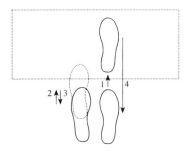

▶ Steigen Sie mit dem rechten Fuß auf den Step. Den linken Unterschenkel winkeln Sie rechtwinklig an und führen den Fuß zum Gesäß. Dann mit links beginne. Im Wechsel üben.
Dieser Schritt kann auch diagonal ausgeführt werden, im Wechsel nach rechts und nach links.

▶ Die Arme ziehen Sie dabei kraftvoll von der Vorhalte nach hinten.

▶ Wiederholen Sie die Übung in zwei Serien zu je achtmal. Erst gerade, dann in die Diagonale.

Basics – Die Grundschritte

Travelling
(Wandern, fortbewegen)

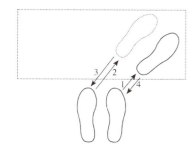

▶ Gemeint ist jede Bewegung auf dem Step, bei der Sie sich von der linken zur rechten Seite bzw. entgegengesetzt bewegen, also den ganzen Step ausnutzen. Das kann schon ein einfacher »Basic« sein, den Sie nach rechts (s. Skizze), und schließlich nach links ausführen.
Probieren Sie das selbe mit »Knee lift« und »side leg lift«.

▶ Die Armbewegungen bleiben die gleichen, wie bei den einzelnen Schritten erläutert.

▶ Wiederholen Sie jede Bewegung in zwei Serien zu achtmal.

Repeater
(Wiederholen)

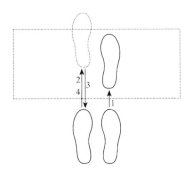

Zum Beispiel »Knee lift«. Beginnen Sie mit rechts auf dem Step. Den linken Oberschenkel anheben. Dann wiederholt das »unbelastete« Bein (hier: das linke) die Bewegung. Insgesamt sind es immer drei Wiederholungen – dann zur Ausgangsstellung zurückgehen.

▶ Nehmen Sie die Arme so mit, wie bei den einzelnen Schritten beschrieben.

▶ Das ist keine eigenständige Übung, sondern bezeichnet alle Bewegungen, die Sie in der Wiederholung üben.

▶ Wiederholen Sie die Übung viermal, dann die Seite wechseln. Auch andere Schritte probieren.

Basics – Die Grundschritte 55

Ausgangsstellung: **From the side**
(Von der Seite)

▶ Drehen Sie sich um eine Vierteldrehung zur Seite, so daß der Step neben Ihnen liegt. Die Füße sind etwa einen Fußbreit entfernt. Spannen Sie Ihre gesamte Muskulatur an. Den Körper wieder etwas nach vorn beugen, die Knie nie ganz durchstrecken.

▶ Aus dieser Position beginnen die nächsten Schritte.

Tap up, tap down
(Oben tippen, unten tippen)

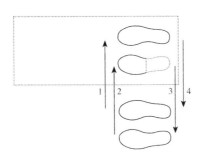

▶ Sie stehen seitlich zum Step. Der rechte Fuß setzt auf dem Step auf, der linke tippt kurz daneben und wird zurück neben den Step gesetzt. Umgekehrt tippt dann der rechte Fuß neben den linken. (Foto)

▶ Nehmen Sie die Arme rechtwinklig in die Seithalte und führen Sie dann die Ellbogen zusammen.

▶ Wiederholen Sie die Übung auf jeder Seite achtmal.

Basics – Die Grundschritte

Turn step
(Drehschritt)

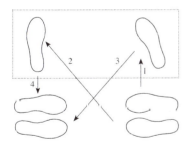

▶ Stellen Sie sich neben den Step. Mit dem rechten Fuß setzen Sie diagonal auf, den linken setzen Sie mit einer Achteldrehung am anderen Ende des Steps auf. Der rechte Fuß steigt ab, den linken setzen Sie daneben.

▶ Zum jeweiligen Bein nehmen Sie den Arm in der Vorhalte in Bewegungsrichtung mit.

▶ Wiederholen Sie die Übung achtmal mit links, achtmal mit rechts beginnend.

Over the top
(Über den Step)

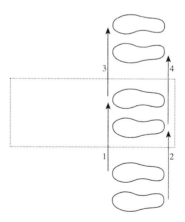

▶ Sie stehen seitlich zum Step und treten mit dem rechten Fuß auf den Step, den linken setzen Sie daneben. Jetzt steigt der rechte Fuß nach rechts ab, und der linke setzt daneben, so daß Sie sich auf der anderen Seite des Steps befinden.

▶ Schwingen Sie die Arme im Kreis mit.

▶ Wiederholen Sie die Übung achtmal links, achtmal rechts.

Basics – Die Grundschritte

Corner to corner
(Von einer Ecke zur anderen)

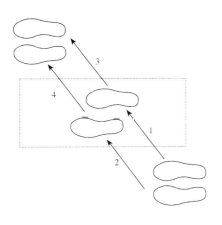

▶ Mit dem rechten Fuß steigen Sie in die Mitte des Steps, links zieht nach. Dann setzt der rechte Fuß rechts vorn neben dem Step auf, der linke folgt wiederum. Sie sind jetzt einmal diagonal über den Step gelaufen. Gehen Sie (*March*) um die Ecke des Steps, und beginnen Sie dann mit links.

▶ Überkreuzen Sie die Arme in der Vorhalte und ziehen Sie sie neben den Körper.

▶ Wiederholen Sie die Übung achtmal mit rechts, achtmal mit links beginnend.

A-step
(Ein »A« schreiben)

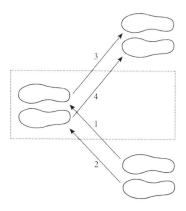

▶ Mit dem rechten Fuß setzen Sie ganz vorn auf dem Step auf, der linke setzt daneben. Dann mit dem rechten Fuß schräg-rückwärts treten und rechts neben dem Step aufsetzen, der linke setzt daneben. Jetzt haben Sie ein »A« beschrieben.

▶ Die Arme kreuzen Sie vor dem Körper und schwingen sie diagonal in die Vor- bzw. Rückhalte.

▶ Wiederholen Sie die Übung auf jeder Seite achtmal.

Basics – Die Grundschritte

L-step
(Ein »L« schreiben)

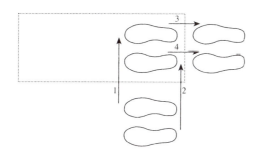

▶ Der rechte Fuß setzt auf dem Step auf, der linke daneben. Mit dem rechten Fuß gehen Sie nun einen Schritt zurück (diese Phase zeigt Gritt), der linke zieht nach (Esben). Sie haben jetzt ein »L« beschrieben und stehen jetzt so, daß der Step längs vor Ihnen liegt.

▶ Schwingen Sie die rechtwinklig gebeugten Arme locker an der Seite mit.

▶ Wiederholen Sie die Übung auf jeder Seite achtmal.

Kick front, lunge back
(Vorstoßen. Schritt nach hinten)

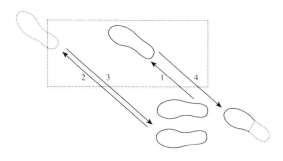

▶ Der rechte Fuß setzt auf dem Step auf, der linke stößt kurz nach vorn und setzt wieder neben den rechten Fuß. Dann mit rechts einen Schritt zurücksetzen.

▶ Dabei die gestreckten Arme seitlich am Körper vor und zurück führen.

▶ Wiederholen Sie die Übung auf jeder Seite achtmal.

Basics – Die Grundschritte

Ausgangsstellung: **From the end**
(Vom Ende des Steps)

▶ Stellen Sie sich so an ein Ende des Steps, daß er längs vor Ihnen liegt oder der Länge nach neben Ihnen. Spannen Sie wieder die Muskulatur an. Den Körper etwas vorbeugen, und die Knie sind leicht gebeugt.

▶ Die nächsten Schritte beginnen aus dieser Position.

Basic, single lead
(Grundschritt, einseitige Führung)

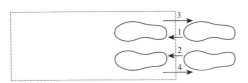

▶ Steigen Sie mit dem rechten Fuß auf den Step, und setzen Sie den linken Fuß daneben. Dann mit rechts zurück zur Ausgangsstellung, mit links dasselbe.
Beginnen Sie wieder mit dem rechten Fuß. Sie können aber auch abwechselnd üben.

▶ Verschränken Sie dabei die Arme vor der Brust.

▶ Wiederholen Sie die Übung achtmal mit rechts beginnend und achtmal mit links beginnend.

Tap up
(Schritt-Tipp)

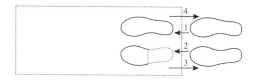

▶ Steigen Sie mit dem rechten Fuß auf den Step, der linke Fuß tippt kurz daneben und geht zurück in die Ausgangsstellung. Der rechte folgt mit einem Schritt.
Dann mit links beginnen und immer im Wechsel üben.

▶ Führen Sie die Arme dabei zur Seite und neben den Körper.

▶ Wiederholen Sie die Übung, je achtmal mit rechts und mit links beginnend.

Across the top
(Nachstellschritte seitwärts über den Step)

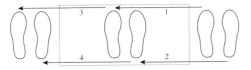

▶ Machen Sie den ersten Schritt mit dem rechten Bein auf die Mitte des Steps, der linke Fuß setzt daneben. Dann folgt ein weiterer Schritt mit rechts – der Fuß landet auf dem Boden, der linke folgt wieder.

▶ Die Arme schwingen Sie dabei kreisförmig mit.

▶ Wiederholen Sie die Übung, je achtmal mit rechts und mit links beginnend.

Basics – Die Grundschritte 67

L-step
(Ein »L« schreiben)

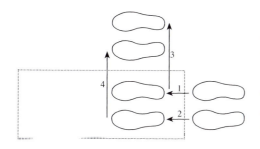

▶ Der rechte Fuß setzt auf dem Step auf, der linke daneben. Mit dem rechten Fuß setzen Sie nun einen Schritt zur Seite (s. Gritt), der linke zieht nach (s. Esben). Sie stehen jetzt neben dem Step und haben ein »L« beschrieben.

▶ Ein Arm schwingt dabei in die Vor-, der andere in die Seithalte.

▶ Wiederholen Sie die Übung, je achtmal mit rechts und mit links beginnend.

T-step
(Ein »T« schreiben)

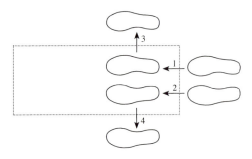

▶ Der rechte Fuß setzt auf dem Step auf, der linke daneben. Mit dem rechten Fuß setzen Sie nun einen Schritt zur Seite nach rechts, mit dem linken nach links. Der rechte Fuß geht wieder auf den Step, der linke auch. Jetzt mit rechts zurücksetzen, den linken daneben. Sie haben damit ein »T« beschrieben.

▶ Beugen und strecken Sie dabei die Arme.

▶ Wiederholen Sie die Übung, je achtmal mit rechts und mit links beginnend.

Basics – Die Grundschritte

Ausgangsstellung: **From the top**
(Von oben)

▶ Gehen Sie auf den Step, so daß Sie in der Mitte stehen. Das kann in Quer- oder in Längsrichtung sein. Die Füße sind leicht geöffnet, die gesamte Muskulatur des Körpers ist angespannt. Die Knie sind leicht gebeugt.

▶ Aus dieser Position beginnen die nächsten Schritte.

Basic, single lead
(Grundschritt, einseitige Führung)

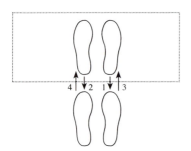

▶ Machen Sie mit dem rechten Fuß einen Schritt zurück nach unten, der linke Fuß folgt. Dann mit dem rechten Fuß wieder aufsteigen, der linke setzt daneben.

▶ Nehmen Sie dabei die gebeugten Arme zur Seite und dann vor den Oberkörper.

▶ Wiederholen Sie die Übung mit jeder Seite achtmal.

Basics – Die Grundschritte

Heel dig
(Ferse vorstoßen)

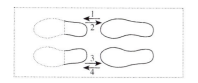

▶ Setzen Sie den rechten Fuß vor und tippen Sie die Ferse kurz auf, dann zurück zur Ausgangsstellung. Anschließend dasselbe mit der linken Ferse ausführen.

▶ Die leicht gebeugten Arme fuhren Sie mit dem aufsetzenden Bein nach vorn.

▶ Wiederholen Sie die Übung je achtmal mit rechts und mit links beginnend.

Straddle down
(Breitbeinig nach unten)

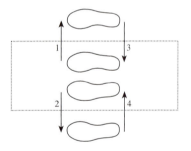

▶ Der rechte Fuß setzt rechts neben dem Step auf, der linke setzt links neben dem Gerät auf. Sie haben den Step jetzt zwischen den Beinen. Mit dem rechten Fuß gehen Sie wieder auf den Step, ebenso mit links.

▶ Nehmen Sie zu jedem Schritt den entsprechenden Arm nach oben.

▶ Wiederholen Sie die Übung je achtmal mit rechts und mit links beginnend.

Basics – Die Grundschritte

Lunge diagonal
(Ausfallschritt)

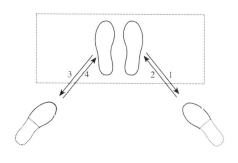

▶ Machen Sie einen Schritt nach schräg-hinten, wobei sich der gesamte Körper mit eindreht. Die Ferse des führenden Fußes setzt nicht auf, sondern nur der Fußballen tippt kurz auf den Boden. Nach dem Schließen der Beine zur Ausgangsstellung ist die andere Seite dran.

▶ Führen Sie dabei den etwas gebeugten Arm in die Vorhalte.

▶ Wiederholen Sie die Übung je achtmal mit rechts und mit links beginnend.

Side squat
(Einseitige Hocke)

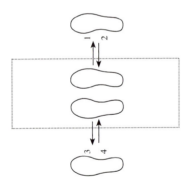

▶ Setzen Sie einen Fuß neben den Step. Verlagern Sie dabei das Körpergewicht in die Mitte. Der gleiche Fuß zieht wieder zurück in die Ausgangsstellung. Achten Sie darauf, daß die Knie immer über den Fußspitzen sind. Dann ist die andere Seite dran.

▶ Legen Sie die Hände locker auf die Oberschenkel.

▶ Wiederholen Sie die Übung, je achtmal mit rechts und mit links beginnend.

Kleine Choreographien

Wenn Sie die Basics, die man als die Bausteine der Step-Aerobic bezeichnen könnte, beherrschen, sind Sie in der Lage, Übungsfolgen zusammenzustellen. Hier beginnt die eigentliche Step Aerobic. Denn es geht ja darum, längere Zeit nonstop zu »steppen«. Probieren Sie nachfolgende Choreographien:

Folge 1:
– *Basic, single* mit rechts
– *Basic, single* mit links
– *V-Step, single* mit rechts
– *V-Step, single* mit links

Folge 2:
– *Basic, single* mit rechts
– *V-Step, single* mit rechts
– *Knee lift* mit rechts
– *Knee lift* mit links

Folge 3:
– *Basic, single* mit rechts
– *Knee lift* mit rechts
– *Side leg lift* mit rechts
– *Leg curl* mit rechts

Folge 4:
– *Tap up* mit rechts
– *Turn step* mit rechts
– *Corner to corner* mit links
– *March zurück* mit rechts

Folge 5:
– *Heel dig* mit rechts
– *Side squat* mit rechts
– *Heel dig* mit links
– *Side squat* mit links

Folge 6:
– *Turn step* mit rechts
– *Over the top* mit links
– *A-Step* mit rechts
– *Turn step* mit links

Folge 7:
– *Front leg kick* mit rechts
– *Over the top* mit rechts
– *Repeater/Leg curl* mit links
– *Leg curl* mit links

Folge 8:
– *Corner to corner* mit rechts
– *March zurück* mit rechts
– *A-Step* mit links
– *Tap up* mit rechts

Folge 1
1. Schritt: *Basic, single lead,* mit rechts beginnend

2. Schritt: *Basic, single lead,* mit links beginnend

Kleine Choreographien 77

3. Schritt: *V-step, single lead,* mit rechts beginnend

4. Schritt: *V-step, single lead,* mit links beginnend

Folge 2
1. Schritt: *Basic, single lead,* mit rechts beginnend

2. Schritt: *V-step, single,* mit rechts beginnend

Kleine Choreographien 79

3. Schritt: *Knee lift,* mit rechts beginnend

4. Schritt: *Knee lift,* mit links beginnend

Folge 3
1. Schritt: *Basic, single,* mit rechts beginnend

2. Schritt: *Knee lift,* mit rechts beginnend

Kleine Choreographien

3. Schritt: *Side leg lift,* mit rechts beginnend

4. Schritt: *Leg curl,* mit rechts beginnend

Folge 4
1. Schritt: *Tap up, tap down,* mit rechts beginnend

2. Schritt: *Turn step,* mit rechts beginnend

Kleine Choreographien

3. Schritt: *Corner to corner,* mit links beginnend

4. Schritt: *March zurück,* mit rechts beginnend

Folge 5
1. Schritt: *Heel dig,* mit rechts beginnend

2. Schritt: *Side squat,* mit rechts beginnend

Kleine Choreographien 85

3. Schritt: *Heel dig,* mit links beginnend

4. Schritt: *Side squat,* mit links beginnend

Folge 6

1. Schritt: *Turn step,* mit rechts beginnend

2. Schritt: *Over the top,* mit links beginnend

Kleine Choreographien 87

3. Schritt: *A-Step,* mit rechts beginnend

4. Schritt: *Turn step,* mit links beginnend

Folge 7
1. Schritt: *Front leg kick,* mit rechts beginnend

2. Schritt: *Over the top,* mit rechts beginnend

Kleine Choreographien

3. Schritt: *Repeater/Leg curl,* mit links beginnend

4. Schritt: *Leg curl,* mit links beginnend

Folge 8
1. Schritt: *Corner to corner,* mit rechts beginnend

2. Schritt: *March zurück,* mit rechts beginnend

Kleine Choreographien

3. Schritt: *A-Step,* mit links beginnend

4. Schritt: *Tap up,* mit rechts beginnend

Figurtraining mit dem Step

Soll in der Step-Aerobic-Trainingseinheit auch ausdrücklich Muskelkräftigung erfolgen, sind dazu spezielle Übungen erforderlich, wie sie für das **Floorwork** (Bodenarbeit) typisch sind. Es schließt an den Step-Teil und ein überleitendes kurzes Cool down an. Dieses Cool down soll eine aktive Erholung darstellen und eine ähnliche Leistungsbereitschaft sichern wie nach dem Warm up. Beim Floorwork werden bestimmte Muskelgruppen systematisch gekräftigt: Bauch, Rücken, Brust und Arme, Beine und Po. Der Step kann optimal einbezogen werden. Er dient als Stütze, Auflage oder als Widerstand. Diese Muskelkräftigung hat nicht nur für die Fitneß positive Wirkungen. Die Haltung wird verbessert und die Figur gestrafft bzw. schöner ausmodelliert (Figurtraining). Eine andere, oft sehnlichst herbeigewünschte Korrektur ist vom Floorwork allerdings nicht zu erwarten: der Abbau von Fettpölsterchen. Doch das ist ja mit Hilfe des richtig betriebenen Step-Trainings zu erreichen.

Dauer: 10 bis 20 Minuten

Figurtraining

Gerade Bauchmuskeln

▶ Legen Sie sich auf den Rücken und legen Sie die Hände an den Kopf. Nun den Kopf vom Boden abheben und erst dann auch den Oberkörper leicht abheben. Dabei die Bauchmuskeln spüren. Langsam zurück in die Ausgangsstellung.

▶ Achten Sie darauf, daß die Lendenwirbelsäule am Boden bleibt.

▶ Wiederholen Sie die Übung in zwei Serien zu je achtmal.

Schräge Bauchmuskeln

▶ Bleiben Sie auf dem Rücken liegen, stellen Sie die Füße hüftbreit auf. Legen Sie dann den linken Fuß auf das rechte Knie und die rechte Hand ans Ohr. Führen Sie den rechten Ellbogen zum linken Knie, heben Sie dabei nur Kopf und Schultern an. Gehen Sie langsam zurück in die Ausgangsstellung.

▶ Achten Sie auf die Lendenwirbelsäule, die am Boden bleiben muß.

▶ Wiederholen Sie die Übung in zwei Serien zu je achtmal, wechseln Sie dann die Seite.

Schräge Bauchmuskeln

▶ Bleiben Sie auf dem Rücken liegen. Lassen Sie die Hand am Ohr. Führen Sie nun gleichzeitig den rechten Ellbogen und das linke Knie durch Heranziehen zusammen. Heben Sie dabei nur Kopf und Schultern an. Gehen Sie dann langsam zurück zur Ausgangsstellung.

▶ Achten Sie wieder auf die Lendenwirbelsäule.

▶ Wiederholen Sie die Übung in zwei Serien zu je achtmal, wechseln Sie dann die Seite.

Lange Rückenstrecker

▶ Legen Sie sich mit dem Bauch auf den Step. Die Beine liegen am Boden, die Arme auf dem Step.
Heben Sie nun den rechten Arm und das linke Bein in Verlängerung der Wirbelsäule (nicht höher!) an. Einige Sekunden halten, dann absetzen und die Seite wechseln.

▶ Der Blick ist nach unten gerichtet. Die Hüfte bleibt am Boden.

▶ Wiederholen Sie die Übung in zwei Serien zu je achtmal.

Obere Rückenmuskeln

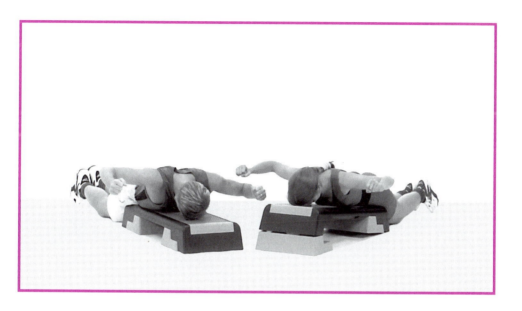

▶ Bleiben Sie auf dem Step liegen. Nehmen Sie die Arme so zur Seite, daß jeweils ein rechter Winkel im Ellbogen entsteht. Heben Sie nun die Arme an, und halten Sie die Bewegung einige Sekunden.

▶ Schauen Sie beim Üben nach unten.

▶ Wiederholen Sie die Übung in zwei Serien zu je achtmal.

Brust, Schulter und Arme

▶ Knien Sie sich in der Bankstellung vor den Step. Knie- und Hüftgelenke bilden einen rechten Winkel. Stützen Sie sich nur mit den Händen am rechten und linken Ende des Steps auf, und führen Sie nun den vereinfachten Liegestütz aus.

▶ Der Rücken bleibt dabei gerade, der Blick ist nach unten gerichtet.
▶ Wiederholen Sie die Übung in zwei Serien zu je achtmal.

Brust, Schulter und Arme

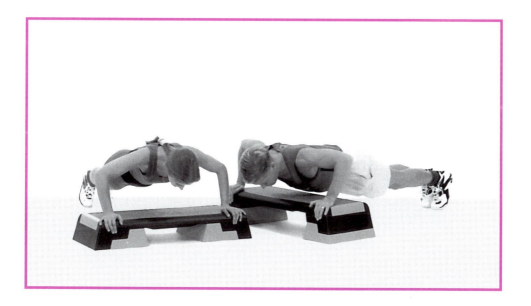

▶ Stützen Sie sich mit den Händen am rechten und linken Ende des Steps auf. Die Füße stehen etwa hüftbreit auseinander, die Knie sind leicht gebeugt. Machen Sie nun den einfachen Liegestütz.

▶ Der Rücken bleibt dabei gerade, der Blick ist nach unten gerichtet.

▶ Wiederholen Sie die Übung in zwei Serien zu je achtmal.

Brust, Schulter und Arme

▶ Setzen Sie sich rücklings auf die Mitte des Steps, und stützen Sie sich mit den Armen neben dem Gesäß auf. Heben Sie nun das Gesäß an, führen Sie es anschließend nahe am Step fast zum Boden und dann langsam wieder auf und ab.

▶ Halten Sie immer die Spannung in den Armen. Der Rücken bleibt dabei gerade.

▶ Wiederholen Sie die Übung in zwei Serien zu je achtmal.

Figurtraining

Gesäßmuskeln

▶ Legen Sie sich mit dem Bauch auf den Step, die Arme umfassen das Gerät. Ein Knie liegt am Boden, das andere Bein ist gestreckt. Heben Sie nun das fast gestreckte Bein vom Boden ab. Halten Sie es in dieser Position einige Sekunden, dann die Seite wechseln.

▶ Der Rücken ist gerade. Der Oberschenkel bleibt in Verlängerung der Wirbelsäule.

▶ Wiederholen Sie die Übung in zwei Serien zu je achtmal, dann die Seite wechseln.

Gesäßmuskeln

▶ Bleiben Sie längs auf dem Step liegen, die Arme umfassen das Gerät. Ein Knie ist am Boden, das andere ist nun rechtwinklig gebeugt. Heben Sie nun das gebeugte Knie durch Anspannen der Gesäßmuskeln vom Boden ab, und bewegen Sie es nach oben und unten.

▶ Machen Sie nur kleine Bewegungen, und achten Sie auf einen geraden Rücken.

▶ Wiederholen Sie die Übung in zwei Serien zu je achtmal, und wechseln Sie dann die Seite.

Figurtraining

Bein-Innenseite

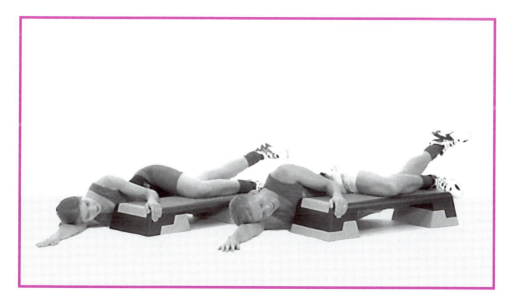

▶ Legen Sie sich seitlich neben den Step. Das obere Bein mit gebeugtem Knie auf den Step legen. Heben Sie nun das untere Bein mit gebeugtem Fuß seitlich nach oben, während Sie mit dem oberen Bein auf den Step drücken. Spüren Sie die inneren Beinmuskeln. Variieren Sie kleine Bewegungen mit größeren.

▶ Achten Sie auf eine gerade Hüfte.

▶ Wiederholen Sie die Übung in zwei Serien zu je achtmal und wechseln Sie dann die Seite.

Bein-Außenseite

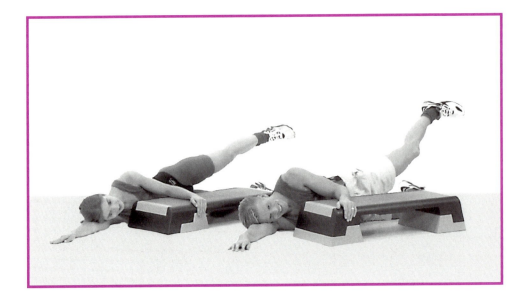

▶ Bleiben Sie seitlich neben dem Step liegen und umfassen Sie den Step. Heben Sie nun das obere Bein mit gebeugtem Fuß vom Boden ab. Variieren Sie wieder – kleine Bewegungen, große ...

▶ Der Rücken ist gerade. Der Oberschenkel bleibt in Verlängerung der Wirbelsäule.

▶ Wiederholen Sie die Übung in zwei Serien zu je achtmal und wechseln Sie dann die Seite.

Figurtraining

Wadenmuskeln

▶ Machen Sie einen großen Ausfallschritt, so daß der rechte Fuß flach auf dem Step steht, der linke auf dem Boden. Heben und senken Sie die Ferse des linken Fußes. Wechseln Sie dann die Seite.

▶ Achten Sie darauf, daß die Füße dabei immer parallel zueinander stehen.

▶ Wiederholen Sie die Übung in zwei Serien zu je achtmal.

▶ Cool down

Um nach einem belastenden Training die Erholungsvorgänge zu beschleunigen (Normalisierung der Herzfrequenz, des Blutdrucks und des Muskeltonus, Beseitigen von Kontraktionsresten in der zuvor hochbeanspruchten Muskulatur, beschleunigter Abtransport von sauren Stoffwechselschlacken aus der Muskulatur), gehört dieser beruhigende Teil an den Schluß einer jeden Step-Aerobic-Einheit. Ein Cool down kann auch bereits nach dem eigentlichen Steptraining sinnvoll sein, um zu einem anderen Trainingsabschnitt, zum Beispiel dem »Floorwork«, überzuleiten.

Zum Cool down gehören eine Lockerungsgymnastik und Stretching ebenso wie das bewußt tiefe Ein- und Ausatmen.

Ein wesentlicher Bestandteil des Cool down ist das **Stretching** (»Dehnen«). Nach dem Step-Training tut Stretching der Muskulatur gut. Warum? Muskeln, die oft und kräftig kontrahieren mußten, neigen dazu, nicht vollständig zu ihrer ursprünglichen Länge zurückzukehren, sondern ein wenig verkürzt zu bleiben (Restkontraktion). Durch sanftes, gehaltenes Dehnen (ohne Federn) werden die Muskeln zurück in den Ausgangszustand gebracht. Besonders Waden und Oberschenkel (Vorder- und Rückseite) müssen gedehnt werden.

Mit einer Haltezeit von 30 Sekunden dient das Stretching gleichzeitig der Regeneration und Entspannung. Der Körper beruhigt sich nach der Belastung wieder.

Dauer: 3 bis 10 Minuten

Cool down – Stretching

Kniebeuger – Stretch

▶ Stellen Sie einen Fuß auf den Step. Verlagern Sie das Gewicht auf das hintere Bein, und strecken Sie das Gesäß bewußt nach hinten raus. Der Oberkörper bleibt dabei gerade. Während das vordere Knie etwas gebeugt bleibt, ziehen Sie die Fußspitze hoch.

▶ Spüren Sie die Dehnung auf der Rückseite des Oberschenkels.

▶ Bleiben Sie in dieser Position etwa 30 Sekunden und wechseln Sie dann die Seite.

Hüftbeuger – Stretch

▶ Bleiben Sie in der Schrittstellung, und bringen Sie Ihren Körperschwerpunkt in die Mitte Ihrer Standfläche. Vorderes und hinteres Bein sind gebeugt. Schieben Sie nun bewußt die Hüfte vor.

▶ Spüren Sie die den Dehnreiz im Hüftbeuger (hinteres Bein).

▶ Bleiben Sie in dieser Position etwa 30 Sekunden, und wechseln Sie dann die Seite.

Cool down – Stretching

Kniestrecker – Stretch

▶ Stellen Sie den Step vor oder neben sich auf. Eine Hand liegt auf dem Step. Führen Sie einen Unterschenkel nach hinten-oben, erfassen Sie den Fuß und ziehen Sie ihn vorsichtig zum Gesäß. Schieben Sie dabei die Hüfte gerade nach vorn.

▶ Spüren Sie die Dehnung in der Oberschenkel-Vorderseite.

▶ Bleiben Sie in dieser Position etwa 30 Sekunden, und wechseln Sie dann die Seite.

Wadenmuskel – Stretch

▶ Stellen Sie sich in die Mitte des Steps. Treten Sie mit einem Fuß auf, so daß die Ferse übersteht.
Das Gewicht liegt auf dem vorderen Bein. Senken Sie nun die Ferse vorsichtig in Richtung Boden. Der Oberkörper bleibt aufrecht.

▶ Spüren Sie die Dehnung in der Wade.

▶ Bleiben Sie in dieser Position etwa 30 Sekunden, und wechseln Sie dann die Seite.

Cool down – Stretching

Gesäßmuskel – Stretch

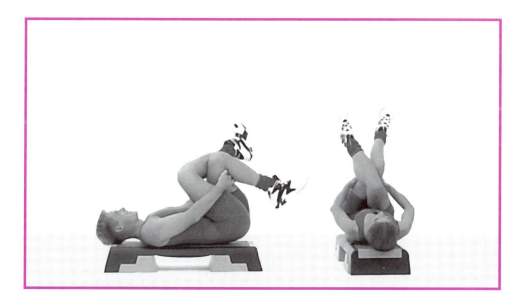

▶ Legen Sie sich mit dem Rücken auf den Step, die Beine sind leicht angehockt. Legen Sie das eine Bein über das andere. Fassen Sie mit den Händen um den unteren Oberschenkel und ziehen Sie ihn vorsichtig zur Brust.

▶ Spüren Sie den Dehnreiz im Gesäß und an der Außenseite des Oberschenkels.

▶ Bleiben Sie in dieser Position etwa 30 Sekunden, und wechseln Sie dann die Seite.

Rückenstrecker – Stretch

▶ Gehen Sie in den Grätschstand und beugen Sie leicht die Beine. Lassen Sie den Oberkörper zunächst gerade, und stützen Sie die Hände auf die Oberschenkel. Nun machen Sie einen Rundrücken, indem Sie den Bauch extrem einziehen.

▶ Spüren Sie die Dehnung im gesamten Rücken.

▶ Bleiben Sie in dieser Position etwa 30 Sekunden, und wiederholen Sie die Übung.

Stretching
Brustmuskel – Stretch

▶ Stellen Sie einen Fuß auf den Step. Nehmen Sie die Arme in die Seithalte, die Ellbogengelenke sind gebeugt. Führen Sie nun die Arme so weit wie möglich nach hinten. Der Oberkörper bleibt dabei aufrecht.

▶ Spüren Sie die Dehnung in der Brustmuskulatur.

▶ Bleiben Sie in dieser Position etwa 30 Sekunden, und wiederholen Sie die Übung.

Schultermuskel – Stretch

▶ Gehen Sie in den Grätschstand, einen Fuß setzen Sie auf den Step, und beugen die Beine. Der Rük-ken bleibt gerade. Stützen Sie die Hände auf die Oberschenkel. Bringen Sie nun eine Schulter nach vorn, wobei Sie sie etwas eindrehen.

▶ Spüren Sie die Dehnung in der Schulter.

▶ Bleiben Sie in dieser Position etwa 30 Sekunden, und wechseln Sie dann die Seite.

Cool down – Stretching

Ellenbogenstrecker – Stretch

▶ Bleiben Sie mit einem Fuß auf dem Step. Nehmen Sie einen Arm nach oben, und beugen Sie ihn hinter dem Kopf. Die andere Hand faßt nun am Ellenbogen an und zieht ihn vorsichtig.

▶ Spüren Sie den Dehnreiz der hinteren Oberarm-Muskulatur.

▶ Bleiben Sie in dieser Position etwa 30 Sekunden, und wechseln Sie dann die Seite.

Trainingsprogramme

Nutzen Sie die folgenden Trainingsprogramme, um Schritt für Schritt mit dem neuen Step zum Erfolg zu kommen. Sie sind ein guter Anhaltspunkt und bauen aufeinander auf. Steigern Sie auf jeden Fall langsam Ihr Trainingspensum.

Achten Sie auch darauf, daß Sie erst mit der niedrigsten Step-Stufe beginnen. Wenn Sie später auf einem höheren Schwierigkeitsniveau trainieren wollen, stellen Sie den Step um eine Stufe höher. Aber das hat noch Zeit.

Die Programme sind nur Vorschläge und Orientierungshilfen. Wenn Sie die ersten Wochen erfolgreich trainiert haben, können Sie sich bald Ihr eigenes Programm problemlos zusammenstellen.

Einsteiger, Stufe I (1. bis 4. Woche)
Mit diesem Programm sollten Sie auf jeden Fall beginnen. Es beinhaltet die Grundlagen und führt Sie langsam an das neue Training heran – mit leichten und einfachen Bewegungen.

Einsteiger, Stufe II (5. bis 8. Woche)
Das zweite Programm baut auf das erste auf. Hier wird es schon etwas anspruchsvoller.

Fortgeschrittene, Stufe I (9. bis 12. Woche)
Hier können die einsteigen, die schon etwas Erfahrung mit dem Step haben. Es ist ein Programm mit mittelschweren Bewegungen und höheren Koordinationsanforderungen.

Fortgeschrittene, Stufe II (13. bis 16. Woche)
Wenn Sie dieses Programm meistern, haben Sie den ersten wichtigen Schritt geschafft. Jetzt ist das Üben kein Problem mehr. Sie sind in der Lage, mit dem Step zu trainieren.

Hinweis: Mit welchem Bein bei einer Basic-Übung begonnen wird, geht aus den in Klammern gesetzten knappen Vermerk »rechts« oder »links« hervor.

117

Für Einsteiger, Stufe I

Programm 1 (1. Woche)

Warm up

March	2x 16x
March auf dem Step	2x 16x
Step touch	2x 8x
Side to Side	2x 8x
Knee lift	2x 16x

Basics

Ausgangsstellung: von vorn

Basic, single lead (rechts)	2x 8x
Basic, single lead (links)	2x 8x
Basic, single lead (rechts)	2x 4x
Basic, single lead (links)	2x 4x
Basic, single lead (rechts)	2x 2x
Basic, single lead (links)	2x 2x
V-Step, single lead (rechts)	2x 8x
V-Step, single lead (links)	2x 8x
V-Step, single lead (rechts)	2x 4x
V-Step, single lead (links)	2x 4x
V-Step, single lead (rechts)	2x 2x
V-Step, single lead (links)	2x 2x

Choreographie

Ausgangsstellung: von vorn
Basic, single lead (rechts)
V-Step, single lead (rechts)
Basic, single lead (links)
V-Step, single lead (links)
Basic, single lead (rechts)
V-Step, single lead (rechts)
Basic, single lead (links)
V-Step, single lead (links)

Stretching

Kniebeuger-Stretch	30 s
Kniestrecker-Stretch	30 s
Waden-Stretch	30 s
Rückenstrecker-Stretch	30 s
Brustmuskel-Stretch	30 s

Für Einsteiger   119

Programm 2 (2. Woche)

Warm up

March	2x 8x
March auf dem Step	2x 8x
Step touch	2x 8x
Side to Side	2x 8x
Grapevine	2x 8x
Heel dig	2x 8x

Basics

Ausgangsstellung: von vorn

Basic, single lead (rechts)	2x 4x
Basic, single lead (links)	2x 4x
Basic, single lead (rechts)	2x 2x
Basic, single lead (links)	2x 2x
Basic, alternating lead	2x 8x
V-Step, single lead (rechts)	2x 4x
V-Step, single lead (links)	2x 4x
V-Step, single lead (rechts)	2x 2x
V-Step, single lead (links)	2x 2x
V-Step, alternating lead	2x 8x
Tap up, tap down (rechts)	2x 4x
Tap up, tap down (links)	2x 2x

Choreographie – Ausgangsstellung:

von vorn
Basic, single lead (rechts)
Basic, single lead (links)
Basic, single lead (links)
V-Step, single lead (rechts)
V-Step, single lead (rechts)
V-Step, single lead (links)
V-Step, single lead (links)

Stretching

Kniebeuger-Stretch	30 s
Kniestrecker-Stretch	30 s
Waden-Stretch	30 s
Rückenstrecker-Stretch	30 s
Brustmuskel-Stretch	30 s
Schultermuskel-Stretch	30 s

Programm 3 (3. Woche)

Warm up

March	2x 8x
March auf dem Step	2x 8x
Step touch	2x 8x
Grapevine	2x 8x
Knee lift	2x 8x
Push touch	2x 8x

Basics

Ausgangsstellung: von vorn

Basic, single lead (rechts)	2x 4x
Basic, single lead (links)	2x 4x
Basic, single lead (rechts)	2x 2x
Basic, single lead (links)	2x 2x
Knee lift (rechts)	2x 4x
Knee lift (links)	2x 4x
Knee lift (rechts)	2x 2x
Knee lift (links)	2x 2x
Side leg lift (rechts)	2x 4x
Side leg lift (links)	2x 4x
Side leg lift (rechts)	2x 2x
Side leg lift (links)	2x 2x

Choreographie

Ausgangsstellung: von vorn
Basic, alternating lead (rechts)
Knee lift (rechts)
Basic, alternating lead (links)
Side leg lift (rechts)
Side leg lift (links)

Stretching

Kniebeuger-Stretch	30 s
Kniestrecker-Stretch	30 s
Waden-Stretch	30 s
Gesäßmuskel-Stretch	30 s
Rückenstrecker-Stretch	30 s
Brustmuskel-Stretch	30 s

Für Einsteiger

Programm 4 (4. Woche)

Warm up

March	2x 8x
Step touch	2x 8x
Side to Side	2x 8x
Knee lift	2x 8x
Grapevine	2x 8x
Push touch	2x 8x

Basics

Ausgangsstellung: von vorn

Basic, single lead (rechts)	2x 4x
Basic, single lead (links)	2x 4x
Basic, alternating lead	2x 8x
Front leg kick (rechts	2x 4x
Front leg kick (links)	2x 4x
Front leg kick (rechts)	2x 2x
Front leg kick (links)	2x 2x
Leg curl (rechts)	2x 4x
Leg curl (links)	2x 4x
Leg curl (rechts)	2x 2x
Leg curl (links)	2x 2x

Choreographie

Ausgangsstellung: von vorn

Basic, alternating lead (rechts)
Front leg kick (rechts)
Front leg kick (links)
Basic, alternating lead (links)
Leg curl – (rechts)
Leg curl – (links)

Stretching

Hüftbeuger-Stretch	30 s
Kniestrecker -Stretch	30 s
Waden-Stretch	30 s
Gesäßmuskel-Stretch	30 s
Rückenstrecker-Stretch	30 s
Schultermuskel-Stretch	30 s

122 Trainingsprogramme

Für Einsteiger, Stufe II

Programm 1 (5. Woche)

Warm up

March	2x 8x
Step touch *am Boden*	2x 8x
Side to Side	2x 8x
Heel dig *a. d. Step*	2x 8x
Knee lift *am Boden*	2x 8x
Push touch *seitl. Stoß*	2x 8x
am Boden	

Basics

Ausgangsstellung: von vorn *a d Step*

Basic, single lead (rechts)	2x 4x
Basic, single lead (links)	2x 4x
Basic, single lead (rechts)	2x 2x
Basic, single lead (links)	2x 2x
Basic, alternating lead *im*	2x 4x
Basic, alternating lead *Wechsel*	2x 2x
Travelling Knee lift (rechts)	2x 8x
Travelling Side leg lift (links)	2x 8x
Travelling Leg curl (links)	2x 8x

2. Seite „wandern"

Choreographie

Ausgangsstellung: von vorn

Basic, alternating lead (rechts)
Travelling Knee lift (rechts)
Travelling Side leg lift (rechts)
Travelling Leg curl (rechts)
Basic, alternating lead (links)
Travelling Knee lift (links)
Travelling Side leg lift (links)
Travelling Leg curl (links)

Figurtraining

Gerade Bauchmuskeln	2x 8x
Gerade Bauchmuskeln	2x 8x
Lange Rückenstrecker	2x 8x
Brust, Schulter, Arme	2x 8x
Gesäßmuskeln	2x 8x

Stretching

Kniebeuger-Stretch	30 s
Kniestrecker-Stretch	30 s
Waden-Stretch	30 s
Gesäßmuskel-Stretch	30 s
Rückenstrecker-Stretch	30 s
Brustmuskeln-Stretch	30 s

Programm 2 (6. Woche)

Warm up

March	2x 8x
Step touch	2x 8x
Lunge diagonal	2x 8x
Knee lift	2x 8x
Grapevine	2x 8x
Push touch	2x 8x

Basics

Ausgangsstellung: von der Seite

Knee lift (rechts)	2x 4x
Knee lift (links)	2x 4x
Knee lift (rechts)	2x 2x
Knee lift (links)	2x 2x
Side leg lift (rechts)	2x 4x
Side leg lift (links)	2x 4x
Side leg lift (rechts)	2x 2x
Side leg lift (links)	2x 2x
Leg curl (rechts)	2x 4x
Leg curl (links)	2x 4x
Leg curl (rechts)	2x 2x
Leg curl (links)	2x 2x

Choreographie

Ausgangsstellung: von der Seite

Basic, single lead (rechts)
Knee lift (rechts)
Side leg lift (rechts)
Leg curl (rechts)
Basic, single lead (links)
Knee lift (links)
Side leg lift (links)
Leg curl (links)

Figurtraining

Gerade Bauchmuskeln	2x 8x
Schräge Bauchmuskeln	2x 8x
Lange Rückenstrecker	2x 8x
Obere Rückenmuskeln	2x 8x
Brust, Schulter, Arme	2x 8x
Gesäßmuskeln	2x 8x

Stretching

Kniebeuger-Stretch	30 s
Kniestrecker-Stretch	30 s
Waden-Stretch	30 s
Gesäßmuskel-Stretch	30 s
Rückenstrecker-Stretch	30 s
Schultermuskeln-Stretch	30 s

Für Fortgeschrittene

Programm 3 (7. Woche)

Warm up

March	2x 8x
Step touch	2x 8x
Side to side	2x 8x
Heel dig	2x 8x
Knee lift	2x 8x
Push touch	2x 8x

Basics

Ausgangsstellung: von vorn

Basic, single lead (rechts)	2x 4x
Basic, single lead (links)	2x 4x
Basic, alternating lead	2x 8x
Repeater Knee lift (rechts)	2x 4x
Repeater Knee lift (links)	2x 4x
Repeater Knee lift (rechts)	2x 2x
Repeater Knee lift (links)	2x 2x
Repeater Front kick (rechts)	2x 4x
Repeater Front kick (links)	2x 4x
Repeater Front kick (rechts)	2x 2x
Repeater Front kick (links)	2x 2x

Choreographie

Ausgangsstellung: von vorn
Basic, alternating lead (rechts)
Repeater Knee lift (rechts)
Basic, alternating lead (links)
Repeater Knee lift (links)
Basic, alternating lead (rechts)
Repeater Front kick (rechts)
Basic, alternating lead (links)
Repeater Front kick (links)

Figurtraining

Gerade Bauchmuskeln	2x 8x
Schräge Bauchmuskeln	2x 8x
Lange Rückenstrecker	2x 8x
Brust, Schulter, Arme	2x 8x
Gesäßmuskeln	2x 8x
Wadenmuskeln	2x 8x

Stretching

Kniebeuger-Stretch	30 s
Kniestrecker-Stretch	30 s
Waden-Stretch	30 s
Gesäßmuskel-Stretch	30 s
Rückenstrecker-Stretch	30 s
Brustmuskeln-Stretch	30 s

Programm 4 (8. Woche)

Warm up

March	2x 8x
Side to side	2x 8x
Heel dig	2x 8x
Knee lift	2x 8x
Grapevine	2x 8x
Side squat	2x 8x

Basics

Ausgangsstellung: von der Seite

Tap up, tap down (rechts)	2x 4x
Tap up, tap down (rechts)	2x 2x
Turn step (rechts)	2x 4x
Turn step (rechts)	2x 2x
Over the top (rechts)	2x 4x
Over the top (rechts)	2x 2x
Tap up, tap down (links)	2x 4x
Tap up, tap down (links)	2x 2x
Turn step (links)	2x 4x
Turn step (links)	2x 2x
Over the top (links)	2x 4x
Over the top (links)	2x 2x

Choreographie

Ausgangsstellung: von der Seite
Tap up, tap down (rechts)
Over the top (rechts)
Over the top (links)
Turn step (rechts)
Tap up, tap down (links)
Over the top (links)
Over the top (rechts)
Turn step (links)

Figurtraining

Gerade Bauchmuskeln	2x 8x
Schräge Bauchmuskeln	2x 8x
Lange Rückenstrecker	2x 8x
Obere Rückenmuskeln	2x 8x
Brust, Schulter, Arme	2x 8x

Stretching

Kniebeuger-Stretch	30 s
Hüftbeuger-Stretch	30 s
Kniestrecker-Stretch	30 s
Waden-Stretch	30 s
Rückenstrecker-Stretch	30 s
Brustmuskeln-Stretch	30 s

Für Fortgeschrittene

Für Fortgeschrittene, Stufe I

Programm 1 (9. Woche)

Warm up

March	2x 8x
Step touch	2x 8x
Side to side	2x 8x
Lunge diagonal Ausfallsritt	2x 8x
Grapevine	2x 8x
Push touch seitl. Stoß	2x 8x

Basics

Ausgangsstellung: von vorn

Basic, single lead (rechts)	2x 4x
Basic, single lead (links)	2x 4x
Basic, alternating lead i. wechsel	2x 8x
V-Step, single lead (rechts)	2x 4x
V-Step, single lead (links)	2x 4x
V-Step, alternating lead i. wechsel	2x 8x
Tap up, tap down (rechts)	2x 4x
Tap up, tap down (links)	2x 4x
Tap up, tap down (rechts)	2x 2x
Tap up, tap down (links)	2x 2x

Choreographie

Ausgangsstellung: von vorn

Tap up, tap down (rechts)
Tap up, tap down (links)
Basic, alternating lead (rechts)
V-Step, alternating lead (rechts)
Tap up, tap down (links)
Tap up, tap down (rechts)
Basic, alternating lead (links)
V-Step, alternating lead (links)

Figurtraining

Gerade Bauchmuskeln	2x 8x
Lange Rückenstrecker	2x 8x
Brust, Schulter, Arme	2x 8x
Gesäßmuskeln	2x 8x
Bein-Innenseite	2x 8x
Bein-Außenseite	2x 8x

Stretching

Kniebeuger-Stretch	30 s
Kniestrecker-Stretch	30 s
Waden-Stretch	30 s
Gesäßmuskel-Stretch	30 s
Rückenstrecker-Stretch	30 s
Brustmuskeln-Stretch	30 s

Für Fortgeschrittene

Programm 2 (10. Woche)

Warm up

March	2x 8x
Step touch	2x 8x
Side to side	2x 8x
Heel dig	2x 8x
Knee lift	2x 8x
Push touch	2x 8x

Basics

Ausgangsstellung: von der Seite

Tap up, tap down (rechts)	2x 4x
Tap up, tap down (links)	2x 4x
Tap up, tap down (rechts)	2x 2x
Tap up, tap down (links)	2x 2x
Corner to corner (rechts)	2x 4x
Corner to corner (links)	2x 4x
Corner to corner (rechts)	2x 2x
Corner to corner (links)	2x 2x
A-Step (rechts)	2x 4x
A-Step (links)	2x 4x
A-Step (rechts)	2x 2x
A-Step (links)	2x 2x

Choreographie

Ausgangsstellung: von der Seite

Tap up, tap down (rechts)
Corner to corner (rechts)
March zurück (links)
A-Step (links)*A-Step* (rechts)
Tap up, tap down (links)
Corner to corner (links)
March zurück (rechts)

Figurtraining

Gerade Bauchmuskeln	2x 8x
Schräge Bauchmuskeln	2x 8x
Lange Rückenstrecker	2x 8x
Obere Rückenmuskeln	2x 8x
Brust, Schulter, Arme	2x 8x
Gesäßmuskeln	2x 8x
Wadenmuskeln	2x 8x

Stretching

Kniebeuger-Stretch	30 s
Kniestrecker-Stretch	30 s
Waden-tretch	30 s
Gesäßmuskel-Stretch	30 s
Rückenstrecker-Stretch	30 s
Brustmuskeln-Stretch	30 s

Programm 3 (11. Woche)

Warm up

March	2x 8x
Step touch	2x 8x
Knee lift	2x 8x
Grapevine	2x 8x
Side squat	2x 8x
Push touch	2x 8x

Basics

Ausgangsstellung: vom Ende

Basic, single lead (rechts)	2x 8x
Basic, single lead (links)	2x 8x
Tap up, tap down (rechts)	2x 4x
Tap up, tap down (links)	2x 4x
Tap up, tap down (rechts)	2x 2x
Tap up, tap down (links)	2x 2x
L-Step (rechts)	2x 4x
L-Step (links)	2x 4x
L-Step (rechts)	2x 2x
L-Step (links)	2x 2x

Choreographie

Ausgangsstellung: vom Ende
Basic, single lead (rechts)
Tap up, tap down (rechts)
L-Step (rechts)
L-Step (links)
Basic, single lead (links)
Tap up, tap down (links)
L-Step (links)
L-Step (rechts)

Figurtraining

Gerade Bauchmuskeln	2x 8x
Lange Rückenstrecker	2x 8x
Obere Rückenmuskeln	2x 8x
Brust, Schulter, Arme	2x 8x
Gesäßmuskeln	2x 8x
Bein-Innenseite	2x 8x
Bein-Außenseite	2x 8x

Stretching

Kniebeuger-Stretch	30 s
Kniestrecker-Stretch	30 s
Waden-Stretch	30 s
Gesäßmuskel-Stretch	30 s
Rückenstrecker-Stretch	30 s
Schultermuskeln-Stretch	30 s

Für Fortgeschrittene

Programm 4 (12. Woche)

Warm up

March	2x 8x
Side to side	2x 8x
Heel dig	2x 8x
Knee lift	2x 8x
Push touch	2x 8x
Grapevine	2x 8x

Basics

Ausgangsstellung: von der Seite

Over the top (rechts)	2x 4x
Over the top (links)	2x 4x
Over the top (rechts)	2x 2x
Over the top (links)	2x 2x
Knee lift (rechts)	2x 8x
Knee lift (links)	2x 8x
Turn step (rechts)	2x 4x
Turn step (links)	2x 4x
Turn step (rechts)	2x 2x
Turn step (links)	2x 2x

Choreographie

Ausgangsstellung: von der Seite

Over the top (rechts)
Knee lift (links)
Over the top (links)
Turn step (rechts)
Over the top (links)
Knee lift (rechts)
Over the top (rechts)
Turn step (links)

Figurtraining

Gerade Bauchmuskeln	2x 16x
Schräge Bauchmuskeln	2x 16x
Lange Rückenstrecker	2x 16x
Obere Rückenmuskeln	2x 16x
Brust, Schulter, Arme	2x 16x
Gesäßmuskeln	2x 16x

Stretching

Kniebeuger-Stretch	30 s
Kniestrecker-Stretch	30 s
Waden-Stretch	30 s
Gesäßmuskel-Stretch	30 s
Rückenstrecker-Stretch	30 s
Brustmuskel-Stretch	30 s

Für Fortgeschrittene, Stufe II

Programm 1 (13. Woche)

Warm up

March	2x 8x
Step touch	2x 8x
Side to side	2x 8x
Lunge diagonal	2x 8x
Knee lift	2x 8x
Push touch	2x 8x

Basics

Ausgangsstellung: von vorn

Basic, single lead (rechts)	2x 8x
Basic, single lead (links)	2x 8x
Side leg lift (rechts)	2x 4x
Side leg lift (links)	2x 4x
Repeater Leg curl (rechts)	2x 4x
Repeater Leg curl (links)	2x 4x
V-step, single lead (rechts)	2x 4x
V-step, single lead (links)	2x 4x

Choreographie

Ausgangsstellung: von vorn	
Side leg lift, alternating (rechts)	2x 8x
Repeater Leg curl (rechts)	2x 8x
Step touch (rechts)	2x 8x
V-Step (rechts)	2x 8x
Side leg lift, alternating (links)	2x 8x
Repeater Leg curl (links)	
Step touch (links)	
V-Step (links)	

Figurtraining

Gerade Bauchmuskeln	2x 16x
Schräge Bauchmuskeln	2x 16x
Lange Rückenstrecker	2x 16x
Obere Rückenmuskeln	2x 16x
Brust, Schulter, Arme	2x 16x
Bein-Innenseite	2x 16x
Bein-Außenseite	2x 16x

Stretching

Kniebeuger-Stretch	30 s
Kniestrecker-Stretch	30 s
Waden-Stretch	30 s
Gesäßmuskel-Stretch	30 s
Rückenstrecker-Stretch	30 s
Schultermuskeln-Stretch	30 s
Ellenbogenstrecke-Stretch	30 s

Programm 2 (14. Woche)

Warm up

March	2x8x
March auf dem Step	2x 8x
Step touch	2x 8x
Side to side	2x 8x
Heel dig	2x 8x
Lunge diagonal	2x 8x

Basics

Ausgangsstellung: von oben

March auf dem Step (rechts)	2x 8x
March auf dem Step (links)	2x 8x
Heel dig (rechts)	2x 4x
Heel dig (links)	2x 4x
Heel dig (rechts)	2x 2x
Heel dig (links)	2x 2x
Lunge diagonal (rechts)	2x 4x
Lunge diagonal (links)	2x 4x
Lunge diagonal (rechts)	2x 2x
Lunge diagonal (links)	2x 2x

Choreographie

Ausgangsstellung: von oben
Heel dig (rechts)
Heel dig (links)
Lunge diagonal (rechts)
Lunge diagonal (rechts)
Heel dig (links)
Heel dig (rechts)
Lunge diagonal (links)
Lunge diagonal (links)

Figurtraining

Gerade Bauchmuskeln	2x 16x
Schräge Bauchmuskeln	2x 16x
Lange Rückenstrecker	2x 16x
Obere Rückenmuskeln	2x 16x
Brust, Schulter, Arme	2x 8x
Gesäßmuskeln	2x 8x

Stretching

Kniebeuger-Stretch	30 s
Hüftbeuger-Stretch	30 s
Kniestrecker-Stretch	30 s
Waden-Stretch	30 s
Gesäßmuskel-Stretch	30 s
Rückenstrecker-Stretch	30 s
Brustmuskeln-Stretch	30 s

Programm 3 (15. Woche)

Warm up

March	2x 8x
Step touch	2x 8x
Side to side	2x 8x
Grapevine	2x 8x
Knee lift	2x 8x
Push touch	2x 8x

Basics

Ausgangsstellung: von der Seite

Tap up, tap down (rechts)	2x 8x
Turn step (rechts)	2x 4x
Turn step (links)	2x 4x
Turn step (rechts)	2x 2x
Turn step (links)	2x 2x
Over the top (rechts)	2x 4x
Over the top (links)	2x 4x
Kick front, lunge back (rechts)	2x 4x
Kick front, lunge back (links)	2x 4x

Choreographie

Ausgangsstellung: von der Seite

Turn step (rechts)
Turn step (links)
Kick front, lunge back (rechts)
Over the top (rechts)
Turn step (links)
Turn step (rechts)
Kick front, lunge back (links)
Over the top – (links)

Figurtraining

Gerade Bauchmuskeln	2x 16x
Lange Rückenstrecker	2x 16x
Brust, Schulter, Arme	2x 16x
Gesäßmuskeln	2x 16x
Bein-Innenseite	2x 16x
Bein-Außenseite	2x 16x
Wadenmuskeln	2x 8x

Stretching

Kniebeuger-Stretch	30 s
Hüftbeuger-Stretch	30 s
Kniestrecker-Stretch	30 s
Waden-Stretch	30 s
Gesäßmuskel-Stretch	30 s
Rückenstrecker-Stretch	30 s

Anhang

Programm 4 (16. Woche)

Warm up

March	2x 8x
Step touch	2x 8x
Side to side	2x 8x
Heel dig	2x 8x
Knee lift	2x 8x
Side squat	2x 8x

Basics

Ausgangsstellung: von oben

Basic, alternating lead (rechts)	2x 8x
March auf dem Step (rechts)	2x 4x
March auf dem Step (links)	2x 4x
Straddle down (rechts)	2x 4x
Straddle down (links)	2x 4x
Straddle down (rechts)	2x 2x
Straddle down (links)	2x 2x
Side squat (rechts)	2x 4x
Side squat (links)	2x 4x

Choreographie

Ausgangsstellung: von oben
March (rechts)
Side squat (rechts)
March (links)
Side squat (links)
Straddle down (rechts)
Side squat (rechts)
Straddle down (links)
Side squat (links)

Figurtraining

Gerade Bauchmuskeln	2x 16x
Schräge Bauchmuskeln	2x 16x
Brust, Schulter, Arme	2x 16x
Gesäßmuskeln	2x 16x
Bein-Innenseite	2x 16x
Bein-Außenseite	2x 16x
Wadenmuskeln	2x 8x

Stretching

Kniebeuger-Stretch	30 s
Kniestrecker-Stretch	30 s
Waden-Stretch	30 s
Gesäßmuskel-Stretch	30 s
Rückenstrecker-Stretch	30 s
Brustmuskeln-Stretch	30 s
Schultermuskeln-Stretch	30 s

Anhang

Kleines Fachwort-Lexikon

aerob	Mit Beteiligung von Sauerstoff.Charakterisierung für eine bestimmte Art und Weise der Energiegewinnung für die Muskelarbeit.
Aerobic	Spezielles Ausdauertraining. Verbessert die Leistungsfähigkeit des Herz-Kreislauf-Systems. Die Belastung erlaubt es, den Sauerstoffbedarf des Körpers über die Atmung zu decken.
Ausdauer	(Konditionelle Fähigkeit) Vermögen des Organismus, bei langandauernden Belastungen nicht so schnell zu ermüden, sondern über eine bestimmte Dauer die Leistungsfähigkeit ohne wesentlichen Leistungsabfall aufrechtzuerhalten.
Basics	Grundschritte, die sich wiederholen, in leicht oder auch stark veränderten Formen.
BPM	(Beats per minute) Schläge pro Minute. Die Zahl der Taktschläge in der Musik, bezogen auf eine Minute, gibt das Bewegungstempo an. Für Step-Aerobic sind es zwischen 118 und 122 BPM.
Cool down	Abwärmen. Übungsfolge zum Entmüden, zur Beschleunigung der Erholungsvorgänge. Ausgiebiges Stretching ist ein wichtiger Teil.
Dysbalance	Funktionelles Ungleichgewicht. Störung im harmonischen Zusammenspiel einzelner Organsysteme, wie zum Beispiel der Muskeln. Muskuläre Dysbalancen entstehen durch Zwangshaltungen oder einseitige Belastungen.
Floorwork	Bodenarbeit. Gemeint ist das gezielte Figurtraining am Boden. Trainiert werden vor allem die Problemzonen Bauch, Beine und Po.
High Impact	»Hohe, starke Wirkung«. Durch Hüpfen und Springen heben beide Füße vom Boden ab, wenn auch nur für kurze Zeit. Die Belastung des Herz-Kreislauf-Systems, aber auch der Knie- und Sprunggelenke ist wesentlich höher als beim Low Impact.

Kombination	Aneinanderreihung von einzelnen Bewegungen. Sie sollten interessant und kreativ sein. Eine Art der Variation, fast schon Choreographien.
Kondition	Körperliche Leistungsfähigkeit. Wird durch das Niveau von Ausdauer-, Kraft- und Schnelligkeitsfähigkeiten bestimmt.
Koordination	Zweckmäßige, wohlabgestimmte Abfolge von Bewegungen. Funktion von Zentralnervensystem und Skelettmuskulatur für einen gezielten harmonischen Bewegungsablauf.
Low Impact	»Schwächere Wirkung«. Wie beim Gehen bleibt immer ein Fuß am Boden. Daher ist die Belastung für Muskeln und Gelenke relativ gering.
Power Step	Eine gesteigerte Variante des Step-Trainings. High-Impact-Bewegungen auf dem Step mit Hüpfern und kleinen Sprüngen.
Regeneration	Wiederherstellung der Leistungsfähigkeit. Die infolge einer körperlichen Belastung verausgabten Leistungsressourcen werden wieder »aufgefüllt«. Die Erholungszeit ist abhängig vom Trainingszustand.
Step	»Stufe« oder »Schritt«. In der Aerobic die Bezeichnung für ein höhenverstellbares Trainings-Gerät, mit dem Ausdauer, Koordination und Muskelkraft trainiert werden.
Stretching	Dehnen, Strecken. Eine spezielle Form der Gymnastik, die oft und stark beanspruchte und bereits verkürzte Muskeln durch sanftes und gehaltenes Dehnen ohne Nachfedern in die Ausgangsform zurückbringt.
Variationen	Verändern von Grundübungen. Das geschieht durch Schritte mit Armbewegungen, veränderte Raumwege, unterschiedliche Wiederholungszahlen oder Aneinanderreihung von Folgen.
Warm up	Aufwärmtraining. Vorbereitung des Organismus auf höhere Belastungen in Training oder Wettkampf. Besonders, um Verletzungen zu vermeiden. Es soll kurz und effektiv sein, das Herz-Kreislauf-System anregen, aber nicht ermüden.

Versandadressen

Reebok® Deutschland GmbH
Keltenring 14,
82039 Oberhaching,
Tel. 089/613820
(Steps, Musik, Schuhe und
Bekleidung)

World Fitness Promotion
Hauptstr. 15,
94363 Oberschneiding,
Tel. 09426/1001
(Steps, Musik, Schuhe und
Bekleidung)

Fördergesellschaft des DTB
Otto-Fleck-Schneise 10a,
60528 Frankfurt,
Tel. 069/67801195
(Steps, Musik, Schuhe und
Bekleidung)

DAV-Vertrieb der Bonsport GmbH
Potsdamer Platz 2,
53119 Bonn,
Tel. 0228/725490
(Steps, Musik und Bekleidung)

Mega Sport GmbH
Essener Str. 5,
68723 Schwetzingen,
Tel. 06202/16764
(Steps, Musik und Bekleidung)

Fitness plus
Postfach 43,
72119 Ammerbuch,
Tel. 07073/1675
(Steps und Musik)

AF: Services GmbH/Pure Energy
Schützenstr. 89,
22761 Hamburg,
Tel. 040/85321430
(Musik)

Literaturhinweise

Freytag-Baumgartner, M.:
Aerobics – Low-Impact,
High-Impact, Step-Aerobic. Falken,
Niederhausen, 1994.

Groos, E./Rothmaier, D.:
Ausdauergymnastik – Neue Aerobics von 20 bis 70. Rowohlt, Reinbek bei Hamburg, 1991.

Knebel, K.-P.:
Funktionsgymnastik. Dehnen – Kräftigen – Entspannen. Rowohlt, Reinbek bei Hamburg, 1992.

Kunath, I./Ockert, G.:
Bodyshaping – Die sanfte Körperformung. Sportverlag, Berlin, 1992.

Letuwnik, S.:
Bodytrainer – Das 10-Minuten-Programm für eine tolle Figur. Rowohlt, Reinbek bei Hamburg, 1993.

Sölveborn, S.-A.:
Das Buch vom Stretching – Beweglichkeitstraining durch Dehnen und Strecken. Mosaik Verlag, München, 1989.

Stemper, Th./Wastl, P.:
Circuittraining – Funktionelle Übungen und Fitnessprogramme. Falken, Niederhausen, 1994.

.

Willkommen bei einem neuem revolutionärem Fitneßprogramm. Vergessen Sie ruckartige, harte und schweißtreibende Bewegungen. Freuen Sie sich auf weiche, fließende und dennoch wirkungsvolle Übungen. Freuen Sie sich auf ein neues Übungsbuch.

YOGANASTIK

Yoganastik – ein einmaliges neues Fitneßprogramm. Sanfte Dehnungsübungen werden mit Elementen des klassischen Yoga verbunden.

Yoganastik – stärkt die Gesundheit, fördert die Konzentration, erhöht die Ausdauer, verbessert das Aussehen und hilft erfolgreich, Streß abzubauen.

Yoganastik – Übungen, die Spaß machen, geringen Aufwand erfordern und große Wirkung erzielen – Übungen zum Wohlfühlen

Die Vorteile:
Leicht nachvollziehbare Übungen werden Schritt für Schritt durch Fotos veranschaulicht. Geistig und körperlich topfit ohne schweißtreibende Übungen. Ideal für Menschen mit wenig Zeit.

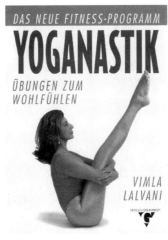

ULLSTEIN GESUNDHEIT

128 Seiten, zahlreiche Farbabbildungen, gebunden
ISBN 3-333-00747-9

Das komplette Fitneßprogramm für die aktive Frau

WORKOUT

Workout ist das komplette Trainingsprogramm für die aktive Frau. Hier wird erstmals – sportmethodisch und medizinisch abgesichert – ein wirklich komplettes Programm zum Bewegungstraining angeboten: Aerobic von Kopf bis Fuß, California Stretch, Ballett, Yoga, Gewichtstraining, Wassergymnastik und ein spezielles Programm für schwangere Frauen.

Spaß zum Wohlfühlen und optimalen Fitneßerfolg – garantiert durch Workout

144 Seiten, durchgehend farbig, zahlreiche Abbildungen
ISBN 3-328-00609-5